心屋仁之助の

ずるい生き方

心理カウンセラー
心屋仁之助

かんき出版

はじめに

こんにちは、心理カウンセラーの心屋仁之助です。

これまで14年近く活動し、70冊を超える著書を書いてきました。心理カウンセラーとしてはこれが最後の著書になるかなと思って書いています。

この本には、心屋がこの14年間伝え続けてきたことを改めてまとめているので、これまでに心屋の本を読んだことがある方にとっては「いつものこと」が書いてあるのかもしれません。でもぜひ〝総決算〟として読んでみていただきたい。

心屋が14年間言い続けてきたのは「いつものこと」なんです。ずっと変わっていません。

それは何かというと、この本のタイトル「ずるい生き方」をしよう、ということです。

言いかえれば、「ずるいと言う側の生き方」から「ずるいと言われる側の生き方」に変えていきませんか？　ということです。

僕は基本、真面目な人生を送ってきました。真面目に、ちゃんとして、誠実に、と心がけ、ずるいことはせず、人の役に立って、人に優しく、出しゃばらず、頑張って、ガマンして、感謝して、

「人に迷惑をかけない」

それを大切にして生きてきました。

でも、だからこそ、その逆の他人に迷惑をかけて生きている人によく腹を立てていました。

不真面目で、ちゃんとしてなくて、ふざけていて、怠けて、遊んでばかりで、人に丸

投げして、平気で嘘をつく、ずるくて、要領がよくて、役に立たず、他人に厳しく自分に甘く、頑張らない、出しゃばりで、手柄は全部自分のものにする、傲慢な人。

そんな人たちにいつも腹を立てていたのです。僕自身も迷惑をかけられることが大嫌いでした。

腹を立てているからこそ「そうならないように」「あんなふうにならないように」と、反面教師にして生きていました。

でも、僕は気づいてなかったのです。

「そうならないように生きている」ということは、実は「そんな人間である」ということに。

本当は「そんな」人間だからこそ、「そうならないように頑張ってきた」のだということに。

つまり、僕は、自分のことを心の底では、「人に迷惑をかける役立たずな人間である」と思っていたのです。

でも、そこには気がついていませんでした。

気づかずに、そういう人間を見ては嫌悪感を抱いて、「そうならないように」つまり、「人に迷惑をかけないように」生きてきた、ということです。

ラクして利や幸せを得るような「ずるい生き方」をしないように生きてきたのです。

そう言うと、まだかっこいいですね。

僕は、人を不快にさせないように、迷惑をかけて怒られたり嫌われたりしないように、ずるさがバレないように、好かれるように、自分の汚いところやずるいところ、優しいふりや謙虚なふりがうまくて、嘘つきで、無能で、ポンコツで、嫉妬深く、陰険で冷酷なところは「隠して」生きていたのです。

「隠す」ということは**「バレてはいけない」「悪である」と思っているということ**です。

だから、必死に隠したり「そうでなくなるよう」頑張っていたということです。そして、自分のような「悪」をしている人を裁き、責める「正義の味方」をしていました。もちろん自分が「悪」をしてしまうときは自分を裁き、責め、隠し…と。

でも、あるとき気がついたのです。

「隠せてないんじゃね？」と。
「実は、とっくにバレてるんじゃね？」と。

試しに周りの人に訊《き》いてみました。

「僕は、不真面目で、ちゃんとしてなくて、ふざけてて、怠けて、遊んでばかりで、人に丸投げして、平気で嘘をつく、ずるくて、要領がよくて、役に立たず、他人に厳しく自分に甘く、頑張らない、出しゃばりで、手柄は全部自分のものにする、傲慢な人なんだけど」と。

すると「ええ、そうですね」と言われました。
はい、とっくにバレていたようです（笑）。

さらに「僕は、人を不快にさせないように、迷惑をかけて怒られたり嫌われたりしないように、ずるさがバレないように、好かれるように、優しいふりや謙虚なふりをしながら、嘘つきで、無能で、ポンコツで、嫉妬深く、陰険で冷酷なところは『隠して』生きていたのです」と告白してみたら、

「ええ、そうですね」と。
「え、隠せてると思ってたんですか（笑）」と（ひどい）。

そうです、まったく隠せていませんでした。

そこから、僕は「もうバレているのだからしかたがない」と、あらゆることを隠したり強がったり、できるふりをしないように「頑張り」ました。

つまり「ずるいと言われる生き方」をするように心がけてみました（これはものすごい努力と勇気が必要でした）。

すると、なんというか「やっと息ができた」、そんな感じです。

それまでは、自分にも他人にもずっと嘘をついて生きてきたんでしょうね。やっと、ちゃんと息をして、自分を隠さず、責めず、否定せず、バカにせず、生きられるようになったと思います。

それはまるで全裸で街を歩くような気分でした。もちろん、最低限の下着は着けていますが（笑）。

だから、この本では、そんな「ずるい生き方」と題した、「隠さない生き方」「本性を

さらけ出す生き方」を書いてみました。

本性をさらけ出す、ということは、言いかえれば「自分らしく生きる」ことです。

嫌われないように、怒られないように、と周りに気を遣ったり媚びを売って生きるのではなく、たとえ周りの人を悲しませたり怒らせたりすることはあったとしても、それでも自分を生きる、という生き方です。

僕のように真面目に生きてきた人は、真面目に生きてるのに、報われないことや理不尽なことに、たくさん遭ってきたと思うのです。でも、それは「真面目に生きてたのに」ではなく「真面目に生きてたから」だと思います。

「真面目に生きること」が悪いことではありません。でも、**周りに気を遣いすぎて嫌われないように生きるということは「自分に一番不真面目で失礼である」ということ**を知ってほしいのです。「人に迷惑をかけないように」といっても、人によって「迷惑」

の基準が違うから、全方向に迷惑をかけないでいるには「何もしない」しかできず、きっと「何もしない」でいるとそれも迷惑と言われるでしょう。だからせめて「無難に」「みんなと同じように」と小さくなって自分を殺して生きてしまう。

それは自分が一番自分をいじめてる。自分が一番自分を評価せず、粗末に扱って、やりたいことをガマンさせ、やりたくないことを自分に強要する「セルフモラハラ・パワハラ」をしてきたのです。

この本に書いてあることは、以前の僕のように「真面目に」いや「真面目っぽく」「真面目なふりをして」「その実、ただ臆病だった」人には、とても「不快」な内容であると思うし、「そんなことは人としてやってはいけない」という怒りが湧いてくる人もいると思います。そんなイヤな人になってまで人生を変えたくない！　というのも、ひとつの正解だと思います。

でももし、あなたが人生を変えたいと本当に思って、この本を手に取ってくれたのなら、これはきっとご縁です。ここに書いてあることに怒りを感じながら読んでみてほしい。ええ、ただの「ずるい人間」「ダメ人間」「失礼なヤツ」「変なヤツ」の書いていることだと鼻で笑いながらでも構わないです。

でも、読み進めていただくうちに、危うく気づいてしまうかもしれませんよ。「自分はずるい人間である」「自分はダメで嘘つきで失礼で傲慢で冷酷な最低なヤツである」と。

そこに気づいたら、大きな声で笑ってほしいのです。反省などしないで。

だって、それも自分なのですから。

僕と一緒に「さいてー人間」の人生、バレバレの人生を生きてみませんか?

心屋仁之助

この本について（追述）

この本は、僕が出す最後の本として、２年ほど前から準備を進めてきました。

ところが、本ができあがる直前に、世の中は一変しました。新型コロナウイルスの影響です。緊急事態宣言が出たとき、京都駅に行ったら、店はみんな閉まっているし、人もまったくいない。新幹線もガラガラ。

これまでは、

「どんなに体調が悪くても、薬を飲んで這ってでも会社に行く」

という世界だったのに、この状況でやっと、**「具合が悪いなら、家にいなさい。うつすとよくないから、出歩いちゃダメだ」**という価値観に変わってきました。

「正しい」「当たり前」が変わってきました。

家で仕事をしたり、家族とゆっくりしたりしながら気づいたことはありませんか。

僕たちは、今までどれだけ不要不急なもので、自分を満たしてきたのか。

やらなくていい仕事。行かなくていい職場。

追い立てられ、右肩上がりだけが素晴らしいと思い込まされ、もっと大きく、もっと速く、もっともっともっともっと、と走り続けてきました。辛いことがあっても歯を食いしばって、弱音を吐かずに耐えて耐えて耐えてきたのです。


「みんなやってるんだから」

「贅沢を言ってはいけない」

「ラクをして儲けてはいけない！」

「人を喜ばせないと！」

「お金はガマンの対価だ！」

そんな洗脳で、ガチガチに固まった価値観が、ここにきてガラガラと音を立てて崩れ始めています。

この数年、僕がずっと言い続けてきた、

「がんばらないで」

「怠けよう、サボろう」

「好きなこと〝だけ〟をやろう」

「イヤなことはやめよう」


というメッセージは、つまり「大事じゃない（不要不急な）ことはやめよう」というメッセージでもあったのだな、と思います。

最後の本を出すタイミングになって、初めて、僕が伝えたかったことと時代がマッチしてきたのかもしれない。そんなふうに思いました。

では、不要不急なことをやめて、僕たちは何をすればいいのか。今の時代に、うまくいく生き方とはどんな生き方なのか。それは、

不要不急なことをやめて、不要不急なことをやろう。

今までやっていた不要不急なことをやめて、
今までやらずに控えてた、不要不急なことをやろう。
本当はやりたかったこと。本当はやめたかったこと。
本当は行きたかったところ。本当は会いたかった人。

意味のないこと。役に立たないこと。罪悪感からやらずにいたこと。
ずっとお金や忙しさを理由に後回しにしてきたこと。

「やらなければ」とか「やるべき」をやめて、「やりたい」ことだけをする。生き方の優先順位を逆転させてしまうのです。

それが人として、心の豊かな時間を過ごし、しかもお金も稼げて人からも愛される方法です。

これまでは、そんな生き方は「ずるい」と言われてきたかもしれません。

だからずっと避けてきた、なかったことにしてきた「悪」とされてきたこと。

でもそれがあなた自身の〝本心〟で、望んでいる生き方です。

でも、これからは、そんな「ずるい生き方」ができる人が、幸せになる時代です。

新時代の
幸せになる
生き方って？

F24
DR-EVE
TSUYA
TATSUYA
人間は…
ガヤ
ガヤ
プーッ!!

ハイ、その件については改めてお詫びに…
スミマセン
アイツマジ空気読めなくない？
LULU
なぜだかみんな窮屈な生き方をしている
顔色をうかがい周りに合わせて…見ているこっちが疲れてしまうニャ
ふー

もちろんネコにも
社会性や掟があるニャ
シャッ!!!!
ごめんて…
8
ただしそれはあくまで
自分の幸せのため
人間は違う
コレはオレのだ
9
僕たちネコは
生きるうえで
何が大切なのか
よくわかっているニャ
くあ〜
10

自由でいること
心屋鮮魚店
まぐろ
あじ
いわし
さば
のんびりすること
まいど〜
魚
ガマンをしないこと
しかたないなー
なんかちょーだい
ぶみー
よく食べること
ガツガツ
めっちゃうめ〜
愛されること
困ったらいつでもおいで
よかったわねー
気が向いたらな
ニャーー

それだけで
十分幸せ
なのに
ハァ～
食った食った～
16

人間はもっと欲しい
もっと頑張らなくちゃ
と言う
?
バタバタッ
次はA社さんに
ごあいさつへ
行って…
17

抱えすぎていることに
気づかないようだニャ
歩きづらそう…
頑張れば
お金も増える
頑張れば
評価される
ズズズズ
う～
18

でも
おっ アイツは・・・
僕たちのような自由な生き方を
選べる人間もいる
言いたいことを言い
いや それ違うんじゃない？
会いたい人に会い
ご無沙汰してます！
食べたいものを食べる
さっきデザート食べちゃったけど ここでも食べちゃおうかな？
クスッ

不思議なことに
おっ

こういう自由な生き方の人間ほど
おー ネコだネコー
ツーン

周りから愛されているんだニャ
心屋さんじゃないですか！
あっ 心屋さん
ニャー
私も然り…

みんなが彼のような生き方ができれば
気持ちよし
27
少しはラクになるだろうけど
難しいのかもしれないニャ…
かわいいなぁお前
28
そんなことないで
29
僕もかつては窮屈な生き方を選んでいました
でもそこから抜け出すための法則を見つけたんです
30
それでは誰もが簡単に幸せになる「ずるい生き方」をお教えしますよ！
どーだか
本編へGO!
31

ずるい生き方②

自分ファーストで生きる

ずるい生き方③

損をしよう

ずるい生き方⑧

前提をひっくり返す

ずるい生き方⑨

無責任に生きる

カバーデザイン◎井上新八
本文デザイン／DTP◎二ノ宮匡（ニクスインク）
カバー題字◎心屋仁之助
編集協力◎佐藤友美
イラスト◎ミューズワーク

ずるい生き方❶

好きなことだけして
イヤなことはしない

部品 5ケース
パーツA 3ケース
B 2ケース
申し訳ございません
足りないじゃないか!
できてる?
まだでーす♪
ポケー
俺がこんなに頑張っているのに、なんでアイツは会社で…
はぁ…
相変わらず抱え込みすぎてるようだニャ…
スッ
たっ
うーん、あの人に手放す勇気があればな…
みんな、イヤなことをやめて好きに生きればいいのに
身近にいいお手本がいるみたいだし
とはいえみんなが好き勝手に生きるのは難しいし、世の中めちゃくちゃになるニャ
一番好き勝手なヤツ
好き勝手に生きられない理由をまずは話してあげようか

1 好きなものだけで固める

僕が「ずるい」生き方、自分らしい生き方をするにあたり、一番大切だと思うことは「好きなことだけしてイヤなことをしない」ということ。これってかなり「ワガママ」ですよね。でも僕は、そうやって生き始めて人生が変わりました。それに拍車をかけてくれたのが、今や世界的大スターになられた、こんまり（近藤麻理恵）さんとの出会いです。

彼女の本『人生がときめく片づけの魔法』に、僕はとても大きな影響を受けました。読んだ人も多いと思いますが、彼女の片づけの方法は**「ときめくものだけを残す」**という方法です。

自分がときめくもの。

本当に会いたい人、本当に好きな時間。

そうやって、自分が本当に好きなものしか残さないようにするというものです。

逆に言えば「それ以外は、手放しましょう」ということです。


たまたま、こんまりさんの担当編集さんと知り合いになって、京都でご飯を食べていたときのことです。僕が、

「こんまりさんの本に、とても影響を受けました」

と伝えたところ、翌日の朝、その編集さんから電話がかかってきて、

「こんまりさん夫婦が、たまたま今京都にいらっしゃるらしいんですけれど、お会いになりますか?」

と言うのです。

それで、彼女が僕の事務所まで遊びに来てくれました。


そこから意気投合して、今彼女はアメリカに住んでいるんですが、そこに遊びに行っ

たり、なぜか都内でもばったりよく会うんです。

彼女と、彼女のメソッドに出会ったのは、僕にとって大きな転機でしたね。

ときめかないものを手放すのはもちろん、**人間関係や仕事に関しても、ときめかない人やものを捨てよう。ときめかない仕事は受けない。**そう思ったからです。

つながっておいたほうが得をする人、やっといたほうが損をしない仕事。つまり、しておいたほうがいい、やめといたほうがいい、という損得でつながった人間関係や仕事を捨てたのです。

これは徹底的にやりました。人間としてちょっとアカンくらい、一度友だちを全員なくすくらいの勢いでやりました。仕事も不義理をいっぱいして、

友だちづき合いも不義理をして。

でもそうした結果、何が起こったか。

周りにやりたい仕事と、好きな人しか残らなくなったんです。

だから、エネルギーを好きなことだけに集中することができたのです。

周りが好きな人ばかりになった頃、僕は心理カウンセラーとしてテレビに出るようになり、本も驚くほど売れるようになりました。

とはいえ、テレビの仕事も最初からうまくいっていたわけじゃなくて。

最初の頃、僕の役割は、タレントさんにひどい言葉を放って、タレントさんを困らせる役。そんな立ち位置を求められていたんです。

でも、やりながら、なんだかそれって、違うなあと思ったんですよね。

それまで**自分の仕事ではイヤなことは全部断れるようになっていたのに、慣れないテレビでは小さくなろうとしていたん**でしょうね。だから最初の頃は話しているシーンがカットされたりと、うまくいかなかった。

だから、収録の最中に、突然テレビでも普段と同じように全部好き勝手やろうと思ったんです。目の前のタレントさんに、普段のカウンセリングでやっているように質問して、段取りも持ち時間も関係なく会話して、そしてその人がリアルに必要としている言葉をプレゼントしようとして。

そうしたら、その日、タレントさんが僕と話しているうちに、**ぶわーっと泣いちゃったんですよね。**それは僕が普段クライアントと話をしているときにはよくある光景だったのだけれど、テレビでは衝撃的だったんでしょうね。僕のワガママが結果として誰かの役に立ったわけです。役に立とうとしたわけじゃないのに。

それ以来、テレビの人たちも、

「アイツはちょっと変わっているぞ」

と、好きにさせてくれるようになったんです。

そのとき、思いました。

僕はそれまで、世間に遠慮して生きてきました。でも、**ちっちゃく縮こまって生きながらも「すごい人物になりたい」という自己矛盾の中で生きてきた**んです。

傷つかないままですごくなりたくて、いろんなところに媚びを売って、叩かれないように出しゃばらないように、生きてきたわけです。

でも、あるとき、**「もういいや！」**と思ったんです。

これは、こんまりさんの「ときめきの法則」を続けてきたことも大きかったのだと思います。自分の好きなことだけで自分の

周囲を満たして、「そうでないもの」で自分を濁らせない。

ときめくもの、ときめく人だけに囲まれて生きていく。だから、自分で自分を卑下することや世間と自分に遠慮することをやめました。これって自分を大切に幸せにすること。そうしたら、突然ぶわーっと世界が広がったんです。

テレビの日は何がなんでもスケジュールを空けますという姿勢もやめたら、僕のスケジュールに合わせて収録の日程まで変えてくれるようになりました。

「好きなことだけをする」が、僕を違うステージに連れていってくれたのです。

心屋より

ときめかないもの、仕事、人で自分を濁らせない

Ⅱ「ラクして幸せになる」

「好きなことだけをする」と話しましたが、それができない理由に「罪悪感」があったりします。「罪悪感」つまり「罪」を感じているわけです。「好きなことをする罪」です。で、罪だからやらないようにしたり、やってても、隠したりする。

謎ですよね。そこには「好き勝手するのは悪いこと」という、大人からの刷り込みがあったりします。だから「ただ、好きなこと」を「やりたい」だけなのに、そこに「理由」がいるのです。「意味」「必要性」という許可される理由が。

なんの意味もなく、なんの得もない、ただ好きなことをするのは「許されない」と思っていた。だから「ただ好き」が理由だと、「間違ってる」「悪いこと」「あとにしろ」「今やらなくても」と、やらずにガマンしてしまう。反対されたら引っ込めてしまう。

さらには、

「たいしたことのない自分だから人一倍苦労しなくてはいけない」

「努力もしないで、簡単に成功してはいけない」

「やらないと怒られる、嫌われる」

「やっておいたほうが迷惑かけないよな」

という謎の罪悪感が、あなたをがんじがらめに縛りつけているんです。


自分で気づいていなくても、心に罪悪感を飼っている人は、大勢います。

というのも、日本では、人に罪悪感を持たせようとする人がいっぱいいるからです。

そういう人は、

自分自身が罪悪感いっぱいで生活しているから、自由に生きている人が許せない。

だから罪悪感をプレゼントしてくる。

このプレゼントを、僕は「黄色い汁」と呼んでいます。

「あなたもラクしたり幸せであることを悪いと思いなさいよ」

と、黄色い汁みたいなものをピッと飛ばしてくる。苦労したのなら、ガマンしたのなら、頑張ったのなら、幸せや豊かさを手に入れてもいいのだけど、ラクして手に入れるのはダメらしいです（笑）。

また、人に罪悪感をプレゼントしてくる人って、手伝えと言ったり、手伝うなって言ったりするんですよ。

たとえば遅くまで残業していて、悩んでいるようだから

「手伝いますか？」

と聞いたら、

「いや、悪いから大丈夫。自分でやる」

と言うわけです。

でも、それを真に受けて、

「じゃあお先に失礼します」

と帰ったら、

「私ひとりにやらせて、申し訳ないとか思わないのかアイツは？」

ってなるわけですよ。どないせいっちゅーねん。

こういう人は、最後に
「結局これ全部、私ひとりでやったのよ、大変だったわ」
と、あなたに罪悪感を持たせようと、

黄色い汁をピッと投げつけてくる。たまったもんじゃないですよね。迷惑です（笑）。

そういうわけで、あなたに罪悪感をプレゼントしようとする人は、たくさんいます。

実は私たちも、幸せになっちゃいけないいんじゃないか、ラクしちゃいけないいんじゃないかという罪悪感を、子どもの頃に親から植えつけられている。だから僕らは自分のことを「罪人」だと思っているところがあって、

だからこそ、その気持ちを刺激する人を自ら集めてしまう。

そう、「罪人」だから「罰」を受けたいのです。

そして罪悪感を「感じていたい」のです。

でも、それは幻想なんですね。ラクに楽しく幸せにならないようにふんばってる。

成功するというのは、自分らしく生きるということ。

罪悪感で自分をガマンさせたり、遠慮をしたり、やりたくないことをやりながら生きていると、成功もお金稼ぎもできなくなります。だって、お金をもらうことにも「罪」を感じるんですから。

だからまずは、黄色い汁を飛ばしてくる人と距離を置くこと。そして、罪悪感を手放して、「ラクして幸せになる」勇気を出してみることから始めましょう。ねたまれるって怖いんですよね。

心屋より

罪などない、堂々と生きよう

Ⅲ 罪悪感のない人の真似をする

卵かけご飯は、好きですか？　僕は、大好き。僕だけじゃなくて、卵かけご飯がめっちゃ好きという人、多いんじゃないかな。

卵かけご飯って、お茶碗に白いご飯を入れて、卵を落とすでしょ。そのとき、あなたは卵をいくつ入れますか？

こう聞くと、多くの人が1個って答える。でも、ちょっと考えてほしいんです。

どうして1個なんだろう。

いくつ入れてもいいはずなのに多くの人が「ひとつ」って言う。逆に僕もそれ以外を考えたことがなかったのです。ちょっと卵を3つ入れてるところをイメージしてほしいのです。なんか「ザワッ」としません？

別にルールがあるわけでもない、取り締まられるわけでもないのに、なんか「わけのわからん罪悪感」がある。

先日、友人から教えてもらった京都の山奥の亀岡という町にある、卵かけご飯食べ放題のお店に行きました。

そこで卵かけご飯定食を頼んだら、ご飯と味噌汁と、籠の中に5つも卵が入って出てくるんです（そのうえ、ご飯も卵もおかわりし放題！）。

「うわー、これはテンション上がる！」と思って、**思い切って僕は生まれて初めて卵を3つも割って入れてみたんです。**もちろん、つやっつやに輝く3つの生卵が乗ったご飯の写真は、バッチリ撮影しました。でも、もうそれだけでなんとも言えない罪悪感。

で、その写真を、その店を教えてくれた人に送ってみたんです。「3つ玉のっけて食べました！」って。

そしたら、その人からすぐに返信が来たのだけれど、そこに写っていたのはなんと、

7つの卵が乗った卵かけご飯だった!!

しかも、一気に7つも食べるとお茶碗に入りきらないので、白身を捨てるのがコツらしく…いやー、そんなこと考えつかないでしょう。

でも、なんで考えつかなかったんだろうと思ったら、「普通」と違うということと、「見たこともない」のと、やっぱり、なんかわからん罪悪感があるからだと思うんです。

卵かけご飯に入れるのはひとつだ

けという固定観念があるんだろうね。それ以外考えたこともなかったですから。それと、卵を食べすぎたらコレステロールが溜まるし、痛風になるかもしれない、糖尿病になるかもしれない。そんな情報までもが拍車をかける。「卵は1日に2つ以上食べたらアカン」とか「朝、目玉焼き食べたから、午後はもうやめておこう」とか。

だから、そんなの関係なしに、「卵かけご飯、食べ放題なんだから、7つ乗せちゃおう！」という人に、僕たちは驚愕のまなざしを送ってしまうのです。

何が言いたいかというと、

僕らは、そういう固定観念に縛られている、

ということです。

ここまで卵かけご飯の話をしてきたけれど、これって、すべてのことに通じると思っていて。

自分の生き方を振り返ってみると、**本当は100くらいやれるはずなのに、勝手に30くらいに抑えてしまっていることがあるのかもしれない。**

100までできる可能性があるのはわかっているんだけれど、「出すぎてはいけない」と、勝手にブレーキをかけてしまう。自分で勝手に天井を作っている感じ、と言えばわかりやすいかもしれない。

「普通」から外れてはいけないこと。「仕事中は○○してはいけない」とか「食べすぎ」「遊びすぎ」「お金使いすぎ」などの「すぎ」という言葉が示してくれているかもしれません。

「お金をもらいすぎ」「楽しすぎ」「人に頼りすぎ」なんかもね。

一念発起して、「今回はちょっと

冒険してみよう！」と心に決めても、結局「すぎないよう」止めてしまうんです。

これらはすべて、**なんかわからん罪悪感で、頑張っても卵を3個しか入れられないのと同じだと思う。勝手に自分自身を制限してる。**でも、そのお店では「当たり前」だし、当然誰にも怒られない。

まずは、そういう固定観念と罪悪感を減らすところから始めていこう。そのためにも「普通じゃない人」を見ると面白い。

だから今日、さっそく卵を1パック買ってきてみてください。そして丼《どんぶり》に白いご飯を入れて、好きなだけ卵を割ってほしい。

ささいなことかもしれないけれど、そこから「あ、好きにやっても大丈夫なんだな」ということを体で感じ取ることができるんです。

たかだか数百円で、なんかわからん罪悪感を取り払うことができるのだから。

この罪悪感は「すぎ」と「いけない」という言葉でも表すことができます。「すぎてはいけない」。その罪を終わらせるには「いけない」を「いい（許可）」に変えていくのです。やってもいい、すぎてもいい、やめてもいい、と。

そして、それは実は誰の許可もいらない、自分で決めて「いい」のです。

卵かけご飯が苦手な人は、チョコでもケーキでも、なんでもいい。いつもは「ひとつだけ」と決めているものを、ドバッと買って食べてみてほしい。

「なんだ、やっても大丈夫やん！」とわかったら、ずるい人生のはじまり、はじまり！

心屋より

普通じゃない人の真似をしてみよう

ずるい生き方②

自分ファーストで生きる

ありがとうございましたー
そもそも…
人間の「周りに申し訳ないから…」って感情はどこから来るのかニャ
あらゆる生き物、基本は自己責任ニャ…
それは幼少期の記憶からやね
小さい頃のお母さんの姿が無意識にあるんよ
ビクッ
お母さん？
これまで迷惑をかけてきた、これからは困らせたくないそういう気持ちが他人本位の生き方を育ててしまうんだ
幼少期
そのためにもあるものを捨てなきゃいけないんだけど…

I 親不孝をする

ずるい生き方①で書いた「好きなことだけしてイヤなことはしない」のに一番の壁になるものがあります。それは「人に迷惑をかけてはいけない」という考え方です。

「みんなが好きなことだけをやると、世の中めちゃくちゃになる」と言われますが、みんなが得意で好きなことだけをして、苦手で嫌いなことをやめたとしても、その苦手なことを好きで得意な人が実はいて（僕なら、事務や経理や単純作業が苦手）、結果的に好きと嫌いが補い合ってうまくいく、と僕は思っています。

逆に今は、苦手を克服しようとか、ガマンして苦しんでいるからこそ、お互いにギスギスして見張り合って、責め合うようになってしまう。

みんなが好きなことだけをやっていたら、みんなが笑顔で、助け合えるんじゃないか。僕はそう思います。

だって、僕らはコロナでよくわかったように「やらなくていいこと」をガマンしていっぱいやっているんです。

さて、それを大きく打破する方法、それが、

親不孝して、丸投げして、人に頼って、迷惑かけて、自分優先で生きてみることです。

こう言われると、ものすごく抵抗があったり「罪」を感じませんか？

すごく当たり前のことですが、「親孝行」って素晴らしいですよね。でもそれが「できなくて」「やりたいのにやれなくて」悩んでいる人がいます。そういう〝いい人〟にはこれまでやってきた、親孝行、人助け、感謝、迷惑をかけないこと、謙虚に生きることと、言われた通りにやること…、これらをいったん全部やめてみてくださいと伝えています。

人間の思考の基礎は、幼少期にできあがると言われています。なかでも、**自分が子どもの頃に自分のお母さんをどんなふうに見ていたか**が、その人の人生にとても大きな影

響を与えている。と僕は考えています。

自分が小さな頃にお母さんをかわいそうな人だと思っていた人は、

「お母さんを悲しませたくない」

「一生懸命頑張って、お母さんを助けてあげなくちゃ」

「お母さんを笑顔にしたい」

と、考えて成長します。

だから、幼少期に母親を見てかわいそうだと思っていた人は、一生懸命お母さんの役に立とうとします。一生懸命お母さんを怒らせないようにする。**他人も怒らせないようにする。**一生懸命お母さんに迷惑をかけないようにする。**人にも迷惑をかけないようにする。**

これが、多くの人が「頑張る教」に

入ってしまう一番大きな理由です。

「**頑張る教**」とは、日本人の多くが自然に入ってしまう宗教で、「頑張る」「ガマンする」「私がやる」を信条として「頑張らない」「ガマンしない」「人任せにする、迷惑をかける」ことを罪とする宗教です（笑）。

お母さんが幸せそうで自由に生きているように思っていた人は、自由に生きて「頑張らなくても、ガマンしなくても、他人を頼っても好きなことをしても生きていい」と思っているのです。

自分が小さな頃はお母さんが幸せそうに見えていたのに、今人生が苦しい人はどうかというと、これはこれでまた、

「このお母さんの笑顔を、自分のせいで曇らせたくない」

と考えていたわけです。この人たちもやはり、頑張る人になっていきます。つまり、

どっちにしても、お母さんを幸せにしてあげたいという気持ちが働くから、頑張ってしまう。

これが、小さいときから刷り込まれる記憶なんです。お母さんとの関係が、自分を作るんですね。不思議なことに、このときお父さんの存在は一切出てこない。

誰と話をしても、影響を受けているのはお母さんのほう。

もし今、人生が苦しいとしたら、あなたは知らず知らずのうちに自分らしさを殺して、今まで、

「私が私らしく生きると、お母さんを困らせてしまう」

と思って生きてきたんじゃないでしょうか。

私が好き勝手やっていたから、お母さんがお父さんに怒られたとか。

私が人に迷惑をかけたから、お母さんが謝りに行かなきゃいけなかったとか。

そうするうちに、自分が好きでやりたいことではなくて、お母さんが喜ぶことをやっていたりする。もうそれは無意識のうちに。

自分自身が、

「こんなことやったらダメ」

と思っていることは、**実は、お母さんが悲しむことだったり、お母さんがあれはダメよと言っていたことだったりする。**

でも、そうやって生きていくのは、

あなた自身の人生ではなく、
お母さん軸の人生を生きていることと同じです。

今すぐ、お母さんを姥捨山《うばすてやま》に捨ててください。**「お母さんファースト」の人生から「自**

分ファースト」の人生に乗りかえてください。

そんな人には、一度、親を見捨てることをおすすめします。

親不孝していい。親に感謝しなくてもいい。悲しませていい。

こう思えるだけで、大きな抵抗と共に人生が突然ラクになる人は多いんです。そう、「お母さんを困らせてはいけない」「幸せにしなければいけない」と思っている人は、**お母さんのことを「不幸」だと思っているのです。だから助けて「あげないと」と思う。**

なんて上から目線で、なんて失礼な（笑）。

お父さんとケンカばかりしてても、実は言いたいことを言い合ってるだけだったり、お父さんの文句を言いながら実は好きだったり、ただ「不幸なふり」をしてるだけだったりします。

「ああ見えてお母さん幸せだったんだ」という魔法の言葉があります。

ぜひ、つぶやいてみて、自分で呪いから覚めて、自分らしく生きてください。自分らしく生きるということは、親の価値観から自分の価値観を取り戻すということ。自分の人生を取り戻すのです。お母さんは不幸に「見えた」だけ。

このお母さんがかわいそうに見える現象のことを、心屋では「妖怪かわいそう」と呼んでいます。妖怪かわいそうのエサは「大丈夫？」とかの「心配」です。心配すればするほど妖怪は大きくなります。そして、もっとエサがほしくて、かわいそうな「ふりや顔」「ため息」「お金がない」「体調が悪い」などで心配を「誘って」きます。だからそこを「心配」することは「優しさ」ではなく罪悪感なのです。だから、お母さんを捨てるのはものすごい罪悪感が湧くかもしれません。

お母さんはあなたが構わなくても、役に立とうとしなくても、アドバイスしなくても「勝手に幸せになる」のです。いや、「そもそも既に幸せ」なのです。

少し話は変わりますが、今、あなたのお母さんが健在だったとして、**もし、上から目線でお母さんにアドバイスするとしたら、どんなことを伝えたいですか？**

「そんなにお父さんの言いなりになることないのに」

「もうちょっと子どもを信用して、自由にさせてあげて」

…などなど、いろんな気持ちが出てくるかもしれません。

こうやって出てきた「お母さんへの不満」。**そのセリフを全部、ブーメランのように自分に向けてあげてほしいのです。**

「そんなにお父さんの言いなりになることはないのに」

と思う人は、**あなた自身がダンナさんや誰かの言いなりになっている。**

「子どもを信用して、自由にさせてあげて」

と感じる人は、**あなた自身が自分の人生を信用して自由にさせてあげてください。**そして、あなたに子どもがいたら信用して自由にさせてあげてほしいのです。

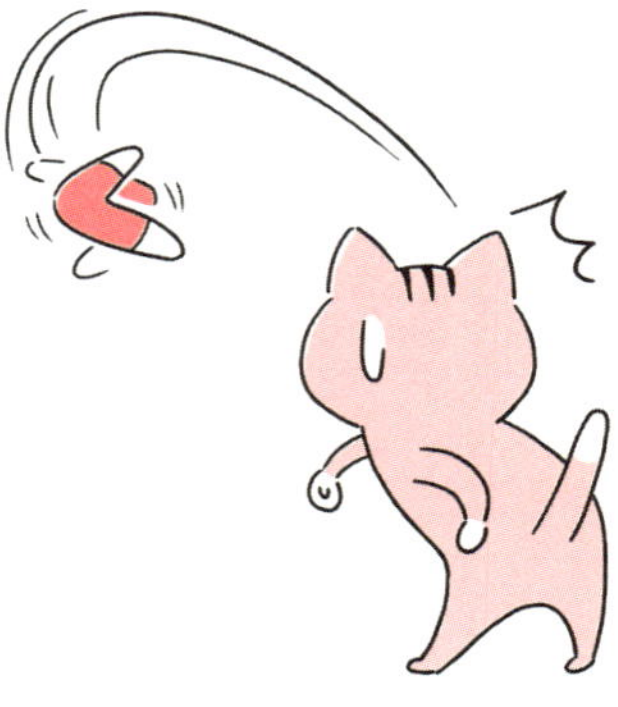

母親との関係性というのは、合わせ鏡みたいなものです。
だから、その母親を見捨てる、親不孝するということは、自分を開放することにつながるんですね。

私が私らしく生きてもお母さんは困らない。

まずは、ここから始めていきましょう。なんなら「私が私らしく生きるほうが、お母さんは幸せだ」ですね。

心屋より

母親の人生を生きるのをやめる

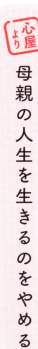

Ⅱ 他人の力を奪わない

先ほど、お母さんを優先して、自分の人生を生きてなかったという話をしましたが、**これは結局「他人を自分よりも優先させる人生」を作ってきたわけです。**

それは「他人に迷惑をかけてはいけない、他人の気持ちを考えないといけない」という刷り込みによるもの。つまり、他人のことを「かわいそう」と思っているのです。

でも、勝手に他人をかわいそう扱いするなんて、とても失礼！（笑）

そんなことしたら、後回しにされた自分が一番かわいそうですよね。お母さんも、他人も、自分の人生を幸せにする力がちゃんとあるのです。

かわいそうと思って助けすぎると、その人の本来の力を奪ってしまいます。世話焼きのお母さんの子どもや、世話焼きの彼女の彼氏や夫がダメンズになってしまっているのをよく見かけます。**まずは他人の世話を焼く時間を、自分の世話を焼く時間に変えていきましょう。**

「他人の気持ち」を勝手に想像して、頑張って、尽くしてきたのに、よく裏切られてきませんでしたか？　他人の気持ちより、自分のやりたいこと、好きなことを、まずは自分にさせてあげて、与えてあげて。あなたが幸せになることが、鏡である周りの人を幸せにするんです。かわいそうな人も、助けるべき人も、本当はいない。

それがわかったら、ただ優しくするだけでいいのです。

心屋より

かわいそうな人なんていない

ずるい生き方❸

損をしよう

手放す、捨てるばかりで、何も残らないのでは？
そう思っている人もいるでしょう
誰に向かって言ってるんだニャ…
技術、資格、お金、人脈
人脈
お金
技術
資格
これらはすべて、あなたがむやみにつけ足したヨロイたちです
そんなものがなくても、そもそもあなたは〝持っている〟
その子がただここに座ってるだけで愛おしいように
え？僕!?
その〝持っている〟感覚を知るために、一度手放してもらったのです
ポーイッ
!!
えー(汗)
これまで必死にかき集めて足してきたものを手放すと、あなたは損をするかもしれません
あ。服きたニャ
でもそれでいいんです
あなたの濁りがなくなりクリアになるのだから
手放して安心して、自由にしてて大丈夫です
そういや、僕も武器はこの爪くらいだニャ…。

I 脂肪もお金も「ある」

僕の人生がガラッと変わったのは、2011年に伊豆の断食道場（伊豆　やすらぎの里さん）に行ってからです。

僕は食べることが何より好きだったので、今より10キロ近く太っていました。普通だったら断食道場なんて死んでも行かない恐ろしい場所（笑）。でも友人がそこを強く勧めるからつい「いいですねー」なんて調子よく相槌を打ってしまったんです。そうしたら、その友人が「予約しておいたから」なんて言うから、引くに引けなくて。

案の定、死ぬほどの思いをしたのです。

実際行ってみると、頭が割れそうに痛いし（低血糖なのか？）、しんどくてしんどくて、高山病みたいになって動けない。※個人差がありますもうこれはアカン。逃げ出したいと何度も思うくらい苦しかったのに、帰れるわけもなく。でもそこから帰ってきたら、するっと10キロも痩せたんです。

このときの経験がすごく面白かった。

お腹が空くと、「糖を摂れ！」「脂を摂れ！」と脳が叫ぶんです。でも、どんなに「糖を摂れ」と脳が言っても、そこは断食道場だから摂れない。

でも、「ダメだコイツ（僕）はいくら言っても糖を摂らない…」となった瞬間に、突然**「しかたない…溜め込んでた脂肪を使うしかないか…」**と、脳が諦めたようです。

外部からのエネルギー補給がないとわかったら、脳が外から栄養を摂るのを諦めるのでしょう。これまで使わないように使わないようにしていた貯金（脂肪）を使い始めたようで、するするーっと体重が減り始めたんです。

「ない…と思ってたものがあった！」

この感覚を、頭ではなく、体で感じることができたのが、断食道場での経験でした。そして同時に、この脂肪を貯蓄しようとする考え方が、人生すべてに影響しているのだということにも気づいたんです。それは、

僕らは普段、足し算ばかりして生きている、ということ。

既にたくさん持っているのに、まだ足りない、まだ足りないと足し算をして生きている。その根底にあるのは**「なくなる不安」**だと思います。常に足し算をし続けなければ、いつか大変な目に遭うという強迫観念があるのでしょう。それは根底で、

「自分には何かが足りない」「欠けている」と思い込んでいる。

からかもしれません。

だから「減らしたくない」「損したくない、してはいけない」と気を張る。

同じように、どんなに貯金を持っていても、なかなかお金を使えない。せっかくの貯金（脂肪）を切り崩したくないから、何かあったときのために、またいっぱい稼が（食べ）なきゃいけない。いっぱい稼いでもっと貯金して、安心しようとしていたことにも気がつきました。


不思議なもので、この足し算をやめると決めた瞬間、「ある」という現実がたくさんやってきてお金が回り始めました。「損する」と決めたら、損しないことに気づいたのです。逆に損をしないように頑張ることが一番の損だったのです（時間と労力のムダ）。

だからもう、足し算はしなくていいよ。

心屋より

足すのをやめると「ある」に気がつく

Ⅱ 熱気球の法則

熱気球を近くで見たことありますか？

熱気球って、空気が暖まっていればいつでも飛べる状態なんだけれど、最初は重りをつけてロープに縛って、飛ばないようにしているんです。

そのロープを外して重りを落としたら、何もしなくてもふわーっと上がっていく。

自分で必死にペダルを漕ぐ必要もないし、ただ乗っているだけでいい。

実はこの感じって、人生も同じなのです。

僕は、佐川急便という会社で19年がむしゃらに働いてきました。その後、心理学の世界を知って、心理カウンセラーとして起業をしてから5、6年はずっと頑張ってきたという自負がありました。頑張ってカウンセリングやセミナーの数をこなしていました。それは、無意識のうちにずっと。

頑張らないと評価してもらえない。常に足し続けないと仕事がなくなる。大変な目に遭う。と思っていたからです。

だから人の期待に応え続け、喜ばれることをいっぱいして、いいものを提供して役に立ち続けなくては、という恐怖に支配されていた。

それが当時の僕です。

頑張って頑張って頑張って頑張って…とにかく上がり続けなければいけないと思っていました。**はばたき続けないと墜落してしまう。**ましてや、はばたき続けないと行きたい場所まで上がれるはずがないと思って、苦労して苦労して働いていたのです。

でも、ふと横を見ると、

何もしていないのに、ふわーっと飛んでる熱気球があるんですよ。

乗っている人は、汗ひとつかいていない。涼しい顔なんです。楽しそーにやっていっぱい遊んでる。え⁉　と思った。

こっちは必死で漕いでなんとか飛びたいと思っているのに腹が立つじゃないですか（思えば、佐川急便時代にも、実績を上げてる人ほどそうだったのです）。

そんな時代を送ってきたときに、さっきの断食道場です。

「あれ？　ひょっとして、仕事も同じじゃな

いか？」

と、思ったわけです。

自分には何もないと思って、足して足して足しまくるから、太るのと同じで、もう足し算をするのをやめてみたらどうだろう。ふと、そう思いました。

糖が足りない、脂肪がないと思っていたのと同じで、僕はこれまで自分に魅力がない、人気がない、人を喜ばせる能力がないと思っていた。だから身を粉にして人に尽くそうと思ってきました。そうしないとダメだと思っていました。

けれども、「ひょっとしたら、そんなに人の役に立たなくてもいいんじゃないか。試しに足し算をやめてみようか」と思ったんです。

そこから僕は、今までしてきた努力を全部やめてみることにしました。

僕は京都が拠点なのですが、セミナーやカウンセリングのために九州に行ったり、名古屋に行ったり、東京に行ったりと、いろんな場所へお客さんに会いに行っていました。**こちらから出向かないと、みんな会ってもらえないと思っていたから。**

セミナーのあとの懇親会もよくやっていました。そういうものだと思っていたし、多くの人が喜ぶし、なんの疑いもなかった。でも、僕はお酒が飲めないし、セミナーのあとだし、疲れて実は大変だった。でも「しておいたほうがいい（得だ）」と思っていました。

勇気を出してそういうのを、全部やめてみました。今まで出張で稼いでいた売り上げを全部捨てるつもりで、

「もう僕は、京都から出ません。京都に留まります」

というスタンスに変えてみた。もちろん、最初はおそるおそるです。「わざわざ京都まで来てもらうのも申し訳ない」という〝罪悪感〟を抱きながら。

で、驚いたのはここから。

「僕に会いたい方は、どうぞ京都に来てください」と言ったら、**全国から今まで以上のお客さんが京都に集まってくれるようになったのです。**

また、セミナーのあとの懇親会をなくしても、みんなが勝手に飲みに行ったり帰ったりと、なんの問題もなく、僕も疲れなくなった。

これはまさに、断食道場での経験と同じでした。

仕事もお金も魅力も、頑張らなくてもちゃんと与えられる。既に与えられている。

講座のカリキュラムも、これまで10くらい教えてきた内容を、6くらいまで大幅に減らして、さらに値段を上げてみました。すると、なぜかみんな、詰め込んで教えていた頃よりも、よっぽど喜んでくれるんです。

なんで今まで「もっと付加価値をつけなきゃ」って必死になっていたんだろうって。

「みんなの期待を超えないと」と思っていたのです。

これは仕事だけではなく、人間関係も同じ。

お世話になった人や恩がある人でも、実はもう、そうでもない人っているじゃないですか。**実際に会っても前ほどテンションが上がらない人。**前々から会う約束をしていたけれど、**日が近づいてきたら、イヤだなーって思う人、**いません？　ＳＮＳでちょっとイヤなコメントを書いてくる人なんかも同じ。

そういう人の誘いは全部断ったり、フォローを外したりしました。今までは「悪いから」「得だから」とそれでもつき合っていたのに。

「冷たい」「不愛想」な人になってみたのです。

嘘ついて断るのもやめて「あ、なんか気分が乗らないのでやめときます」と。

イヤな仕事、イラッとする人。心がザワッとすること。そんなことや人と全部距離を置いていったんですね。**もう、そんなところに大事な人生の時間とエネルギーを使いたくなかった。**自分勝手と言われても、もっと自分の時間を自分が幸せになれることに使いたかったのです。

今、両手いっぱいに抱えているものを手放すのは怖いと思います。でも、思い切って一度それをやってみる。大きな空きスペースを作ったら、結果として逆にそこに大きな何かが入ってくることがあります。

僕の場合はそうやって仕事がいっぱいになったときに断食に行き、そのあと「休養宣言」をしたんです。そうしたらテレビの仕事が飛び込んできた。

でも、入ってこなくてもいいんです。それはそれで自分の人生が濁らないから。自分らしく生きられるのだから。「濁らない」とは、自分の生き方の中で、ガマンやイヤなことを減らして「やりたいこと」という、魂の喜ぶこと、ときめくことだけのピンク色でいっぱいにしていく、ということです。

最初はやっぱり怖いんです。こんな自分が努力することをやめてしまったら何もかもなくなってクズ人間になってしまうんじゃないかと思うから。そう、自分のことを実はクズ人間だと思っているのです。

でも、その「やらねば」の重りを捨てることで、ぷわーんと浮いていきます。そう〝軽く〟なるんです。これまで必死にペダルを漕いでいた自分がバカバカしくなるくらい、人生が浮かんでいくんですよね。ペダルを漕ぐことでわざわざ乱気流を作って、自分を決めていたのかな？　今まで何やってたのかなって思います。

はばたくのではなく、罪悪感という重りを手放すだけでよかったんですね。

心屋より

必要のないものをいっぱい抱えてるから、人生が重くなる

Ⅲ 頑張らなくてもお金をもらう

うちの奥さんと出会って、僕は**「存在給」**というものを見つけました。

僕らは、収入は頑張った分や、ガマンして働いた分に対して払われると思っていますよね。そう教えられてきた。つまり、**提供した価値に対する対価が、お給料であり収入である。**これが世間一般の考え方だと思います。

でも、たとえば、うちの奥さんは、あまり仕事をしてないのに僕の会社の役員報酬を僕と同じだけがっつり受け取って、莫大な（笑）対価を得ているんです。普通に考えたら、おかしいですよね。でも、彼女は堂々とそのお金をもらっています。つまり彼女は、

存在しているだけで、お金をもらっている。

彼女は、**「そこにいるという価値」を提供している**わけです。

役員報酬をもらってくれることで、会社の税金も助かるし、個人としては税金で国にも貢献できる。セレブの奥さんも同じですね。

最近だと、「プロ奢《おご》ラレヤー」という、**人にご飯を「奢らせる」という仕事の人**や、「レンタル何もしない人」なんていう、誰かの役に立つわけでなく、**「ただそこにいる」だけで人から喜ばれる職業の人**もいます。

自分の「存在給」に気づかないと、たくさんのお金をもらうためには、たくさんの人の役に立って、たくさん喜ばせて、期待に応えて、頑張って頑張ってガマンしてやらなきゃいけない、やり続けなきゃいけない。やめられない。という苦しみスパイラルに入ります。病気のときや働けないときだってあるのに。

みんなからよく聞かれるのは、

「私はこんなに頑張ったのに、これしかお金もらえないんです。どうしてですか」

という質問。そういうとき僕は、

「こんなにがんばったから、これしかもらえなかったんだよ」

と、答えます。

「え？　じゃあ、どうすればよかったの？」と聞かれたら、

「そのがんばりを全部やめてごらん」

と言うわけです。もちろん、相手は最初めっちゃ抵抗します。

「無理です。そんなワガママをしたら、今もらっている給料ですらもらえなくなる」

って言うんです。でもそのうち諦めて、

「わかりました。全部やめます」

となって、頑張るのをやめた人は、驚くほどわさっとお金が入ってくるようになる。

ちょっとおかしいでしょ？

でもこれが、世の中の法則なんですよ。

自分の「存在給」を知る問いは、

「あなたが病気や何かでまったく働けなくなったときに、それでも毎月もらえるお金はいくらくらいですか？」

です。

0円とか「いや、マイナスです」なんて人もいて、いかに今まで「頑張って」お金を手に入れていたかがよくわかります。

自分という存在給を自分で低く見積もっている人は、お金が入ってこないんです。

反対に、自分の存在給を高く見積もっている人は、

「じゃあ、お給料もらってあげますよ。私がもらってあげたら、あなたの会社助かるんですよね？」「え？　くれるの？　ありがと～」

という姿勢です。それくらい尊大に思っている人が、世の中なぜか、結局お金を稼ぐ。だって**お金という豊かさを受け取るのが「当たり前」なのですから。**存在給を低く見積もっている人は、自分の想定を超える報酬を得ると、必死に何かを返そうとしたりします。たとえば、宝くじに当たったとしても、散財をしてしまったりする。

「こんな自分じゃ全然ダメだ」

と、これまで自分の価値を一生懸命に盛って足し算ばかりして生きている人にこの考え方は驚きかもしれないけれど、一回裸になってみるといいんですよね。

これまで必死で盛って寄せて上げてきたかもしれない。脱いだらバレちゃうと思って絶対に人前で脱いでなかったかもしれないけれど、脱いだら意外とどうにかなっちゃう(笑)。なーんだ。盛らなくてよかったんだとわかるはずです。

心屋より

行動に価値があるのではなく、存在しているだけで価値がある

ずるい生き方④

ちゃんと言おう

人に合わせず、
いらないものを手放して、
自由に生きるなんて…
そんなこと、
自分に自信がある人しか
無理じゃないですか？
ヒョイッ
そらそーだ
じゃあ
自信をつけましょう！
えー
!!
「私って愛されてる！」
って言ってみてください
そんな根拠の
ないこと
言っても
私に自信は
つきませんよ
ムリムリ…
根拠のない自信は
信じないのに、
根拠のない〝自分はダメ〟は
信じるんですか？
えっ…
だって、
今まで好きとか
すごいとか
言われたことないし、
そんなにできないし…
たしかに…
みんな自分の
素晴らしさが怖くて、
自分を抑えているんです
だからまずは、
うらやましいことや、
隠していた気持ちを
声に出すことから
始めましょ
わ、私は…
う〜
私はかわいいし
愛されてる
ニャ

I　自分に自信を持つ魔法の言葉

どうしても自信が持てない人が、根拠のない自信を持てるようになる魔法の言葉。それが「**私ってすごいんです**」。

僕の講演会でも、

「私って本当はすごいんです」

と、みんなにせーので声に出して言ってもらいます。怪しい宗教の集会かっていうくらいに（笑）。

これ、やってもらうとわかるんですが、**身悶《みもだ》えするくらい恥ずかしかったりする**んですよ。

「私、すごいんです」
「私、かわいいんです」
「私、めっちゃモテるんです」
「私、スタイルいいんです」
「私、すごく優しいんです」
「私、すごく仕事ができるんです」

これは本気で言うんですが、

これらの言葉は「真実」です。
だから根拠はいらないんです。

「いや、私はかわいくもないし、モテたりもしない」
と言うかもしれませんが、**そんな現実はどうでもよくて、**
「私、すごいんです」

のほうが、真実なんです。あなたは、実はすごくて、かわいくて、優しくて、かっこよくて、能力が高くて、とても魅力にあふれている。なのに、

「違う違う、そんなことないです」

って、**自分を否定して生きているんです。**

もともとはいろんな力を持って生まれてきたのに、小さな頃にお母さんに何か言われたとか、友だちに何か言われたとかで、自分はちっぽけな存在なんだという思い込みを今でもずっと抱えている。なぜか他人の意見を信じて採用してしまって、ずっと過去に縛られて生きているだけ。あなた自身で自由にはばたく羽をもいでしまっているのです。

だからそんな人たちに対して、自分で、

「私はかわいいんです」

「私はすごくできるんです」

と口に出して言うことによって、本来の自分に戻ってもらうわけです。

ご購読ありがとうございました。今後の出版企画の参考にさせていただきますので、ぜひご意見をお聞かせください。なお、ご返信いただいた方の中から、抽選で毎月５名様に図書カード（1000円分）を差し上げます。

サイトでも受付中です！　https://kanki-pub.co.jp/pages/kansou

書籍名

①本書を何でお知りになりましたか。

- 書店で見て　• 知人のすすめ　• 新聞広告（日経・読売・朝日・毎日・その他　　　　）
- 雑誌記事・広告（掲載誌　　　　）
- その他（　　　　）

②本書をお買い上げになった動機や、ご感想をお教え下さい。

③本書の著者で、他に読みたいテーマがありましたら、お教え下さい。

④最近読んでよかった本、定期購読している雑誌があれば、教えて下さい。
（　　　　）

ご協力ありがとうございました。

郵 便 は が き

料金受取人払郵便

麹町局承認

1617

差出有効期間
2021年11月30日
まで

102-8790

226

東京都千代田区麹町4－1－4
西脇ビル

㈱かんき出版
読者カード係行

フリガナ ご氏名	性別　男・女 年齢　　　歳
フリガナ ご住所　〒 TEL　　　（　　　　）	
メールアドレス □かんき出版のメールマガジンをうけとる	
ご職業 1. 会社員（管理職・営業職・技術職・事務職・その他）　2. 公務員 3. 教育・研究者　4. 医療・福祉　5. 経営者　6. サービス業　7. 自営業 8. 主婦　9. 自由業　10. 学生（小・中・高・大・その他）　11. その他	

★ご記入いただいた情報は、企画の参考、商品情報の案内の目的にのみ使用するもので、他の目的で使用することはありません。

★いただいたご感想は、弊社販促物に匿名で使用させていただくことがあります。　□許可しない

いろんなパターンの
「私、すごいんです」
を言ってもらうんだけれど、ある項目に関してはまったく恥ずかしがらずにすらすら
言えるのに、

ある言葉になると突然言えなくなったり、
涙が出てしまったり、というケースがよくあります。

たとえば
「私、かわいいんです」

は言えるのに、

「私、愛されているんです」

は言えない人がいる。

その言葉を言おうとすると、喉がつまるような感じの、抵抗がある言葉。実はそれこそが、あなたが最も望んでいる姿です。

だから、その言葉を何度も自分に語りかけることで、自分の気持ちを開放してあげてください。時間はかかるかもしれませんが、いつか自分自身をも認められるようになるはずです。

と、こんな話をしていたら、取材に来ていたあるライターさんに、

「『私、ベストセラー作家なんです』って言ってみてください」

って言ったら、その人は悶えてました（笑）。じゃあ、と彼女は僕に

「じゃあ心屋さん、『私、超売れっ子のシンガーなんです』って言ってください」

と反撃してきました。

僕は、言われた通りくり返そうと思ったのですが、**驚いたことに、この言葉を言おうとしたら、全身からぶわーっと汗が出てきました。**

僕自身が気づいていなかったけれど、僕にとって、歌を歌って生きていくというのは、**心の底で一番望んでいたことなのかもしれない。**でも、とても怖いこと。そう気づかされた瞬間です。そして、彼女にとっても本当に望んでいた姿が見つかった瞬間でした。

そして僕は、この本を最後に、講演業や執筆業をすべてクローズして、歌一本で生きていくという宣言をしました。

また、この言葉は自分が一番望んでいることでもあり、同時にそれが怖くて「信じないよう」「言われないよう」「ならないよう」抵抗して、抑え続けてきたものでもあります。

「お母さん大好き」

「お母さん大嫌い」

なんて言葉さえも言えない人がいます。これが心屋の「魔法の言葉」です。そして、この「言えない言葉」は「言えない」ようにしてきたし「言いたくなかった」言葉なのです。だから、そういうことを堂々と言う人がイヤだったりします。そして、それが真実であって言いたくないほど、苦しくて否定してきたものだから、それを「言う」と、自分が軽くなる。まるで罪を懺悔したかのように（この魔法の言葉については巻末で紹介している『心屋仁之助　最初で最後の講演録』にいっぱい入ってますので、ぜひ声に出す体感をしてみてくださいね）。

心屋より

少し傲慢ぐらいでいいのです

Ⅱ 問題はガマンが教えてくれる

人生の中で起きるさまざまな問題はすべて「ダミー」だと心屋ではお伝えしています。目の前の問題がダミーならば、「本当の問題」はどこにあるのかというと、自分の心の中にあるのです。

イヤな出来事が起きたとき「言いたいこと」があるはず。

そう「ガマン」していること。そんなこと言ったら、大変なことになる。ダメなヤツだと思われる、と恐れていることです。

それをしたり言ったりするのを抑えるクセが子どもの頃からずっとあって、でもそれを「ちゃんと言おうね」という出来事が起きる。そしてそのセリフを言えたとき、

「え？　していいの？　言っていいの？」

と、うなされていた悪夢から目覚めて、悪夢は終わりを迎えるのです。

そのガマンをしていたことって、実はとても恥ずかしいことだったりします。「言いたいことを言おう」って言うと、相手を攻撃するようなことを言い散らかす人もいるのですが、心屋では**「本音は人を傷つけない」**と言っています。

本音って、弱くて細くて恥ずかしい、ホワイトアスパラみたいにフニャフニャなもの。

それを相手に〝ぶつける〟のではなく、そっと〝差し出す〟のです。

たとえば「助けて」「愛して」「大事にして」という本音。

それを言わずに、勝手に〝わかってくれない！〟と怒ってスネて「あの人はおかしい」「間違ってる」「こうするべきでしょ！」と「正しさの剣」を振り回して、相手と自分を傷つけてしまう。自分の正しさの剣で弱い自分を守るために「悪者」を作り出したり。

本音の伝え方は、心理学では〝I《アイ》メッセージ〟と言われ「私は悲しかった」のように、「私の気持ち」を伝えるとよいと言われていますが、これを「私は悲しかった、謝ってよ！」「なんとかしてよ！」と攻撃に使ってしまう人もいて。

心屋ではもう一歩踏み込みます。それは、

「私は、あなたのしたことで〝勝手に〟バカにされたと感じて、悲しかったのです」

と。〝勝手に自分ではこう解釈しました〟という、自分の被害者意識を「告白」しようと言っています。そして、相手に行動を変えてほしいというリクエストはしない。勝手な恥ずかしい勘違いを「告白」されて、相手も怒るに怒れないですよね（笑）。言うのはとっても勇気がいりますが。

でも、そうやって自分が〝口に出して言う〟ことで、自分を許すことにもなり、自分が一番癒やされていくんです。

心屋より

本音をそっと告白しよう

ずるい生き方⑤

できないことは
やらなくていい

とはいえ、周りから愛されて生きたい人もいれば、ひとりでのんびりやりたい人もいるだろうしニャ
ほっといてほしいタイプ
その通りやねん
ブミー
人間にもタイプがいくつもあって、表現の仕方が全然違うのよ
合格
じゃあお互いをわかりあうなんて一生無理ニャンじゃ…
あ、そうそう！
無理に合わせようとしなくていいんよ
だってわからないんだもん
ただ知っておけばいい
僕も君も違う生き物で、違う考えを持っている
だから合わないこともあるだろうし、それをいちいち気にしないよって
頭の隅でそれを忘れずにいれば、ずっとラクになる
そんなもんですかニャ…

I

犬とネコは似ている動物だけど違う生き物

僕は人間には2つのタイプがあることを見つけました。奥さんと僕の行動や考え方が違いすぎて理解できなかったことがきっかけです。

これが、「飛ぶ族」と「飛ばね族」。

「飛ぶ族」というのは意識が飛ぶ人。よく頭が真っ白になったり、気がつけばもう4時だ、私何もしてなかったわー　というような人。

「飛ばね族」は、意識が「飛ばねえ」わりと常識的でマルチになんでもできる人。僕はこっちタイプです。

「飛ぶ族」は直感的に、感覚的に生きている天然タイプ、

「飛ばね族」は左脳をよく使う経験と理論で生きるタイプ。

「飛ぶ族」は天才型で、「飛ばね族」は秀才型。

どうやらこの2つがそれぞれ人類半分くらいの割合でいるようです（エビデンスはありません）。

そして大事なのは、**「飛ぶ族」は「飛ばね族」の脳内が理解できないし、その逆も同じ**ということ。でもこの違いを知っているだけで、「え!?　なんで!?」という喧嘩も減るし、ストレスも減るのを発見したのです。

「飛ぶ族」の特徴は、代表的なものを挙げると、

- 鳥のふんをよく落とされる
- 料理をしていても味見をしない
- 電車をよく降り間違える
- 気がついたら体に謎のあざがある

・話を聞いていないことが多い（意識が飛んでいる）
・とんでもないやらかしをやる
・温泉でボーッとして時間を忘れる
・時間が守れない

などなど。

「飛ばね族」はその真逆。ふんは落とされないし、しっかり味見もするし、ミスは少なめ。もちろん知らないあざはないし、意識も飛ばない（笑）。人の話も同時に数人の話をきちんと聞けるし時間も守る。ルールとリスクと秩序の中で生きてる。

そして僕自身がそうだからわかるんだけど、

「飛ばね人」たちは、「飛ぶ人」たちを見て、イラッとくることが多いんです。

「どうしてそんな適当にやるんだろう」（ちゃんとやってるらしい）

「なんで普通にできないんだろう」（普通がわからない）
「なぜこうやらないの？」（いいと思ったもん）
とか
「どうして真面目に人の話を聞かないんだろう」（飛んでるんです）
「なんで時間を守れないんだろう」（自分でもわからない）とか。

だから「飛ぶ族」は小さな頃から普通じゃない！ と怒られてきた人たちが多いし、「飛ばね族」は、ちゃんとやれと怒ってきた人たちが多い。

「飛ぶ族」の人たちは、

理屈の世界ではなく、理由のない答えの世界で

生きているんです。

だから突然、

「これをやりたい！」

と言い出したときに、

「どうして？」

と聞いても、理由がないし、やり方もあまり関係がない。

「やりたいから」

と言ったりする（正解!!）。

時間を守れない人に「なんでできないの？」と聞いても「…守れないから」と。

「飛ばね族」の人たちからすると、こういう突拍子もない言動をする「飛ぶ族」の人たちは、**とても自由に見える。**「飛ばね族」がせっせと真面目にやったり、段取りしていることを軽々しく無視したり、適当にあしらったりする（無意識）。で、それに対して全然罪悪感を持っていない。しかも周りも「飛ぶ族」の無礼を笑いながら許していたりするから、普段、真面目に順番通りにコツコツやっている「飛ばね族」にとっては、腹立たしかったりするんです。

でも、それもこれも、**「そういう生き物なんだ」と知れば、だいぶ許せるようになります。**

犬もネコも似ている動物だけど、性格や生き方がまったく違うように、飛ぶ・飛ばねも〝違う生き物〟なんです。

ちなみに、学校教育では「飛ばね族」のような「ちゃんとした人」を作ろうとします。ちゃんと授業に集中して、言われたことができて、集団行動ができる子を作りたい。社会人になっても、上司の言うことをきちんと聞いて行動できるのはこっちの人たち。

一方で**「飛ぶ族」のほうは、学生時代は「ちゃんとできない人」というレッテルを貼**

られやすい。今ならＡＤＨＤとか病名をつけられたりすることも。社会に出たあと、ポンポンッとなんか知らんけど天才的な発想をして突き抜けちゃう人もいるし、相変わらずいろんなことを「やらかす」ポンコツタイプの人もいたりする。

ただ、ここからが重要なところなんだけど、「飛ぶ族」にしても「飛ばね族」にしても、

自分を反省しながら生きている人が比較的多いんですよね。

「飛ぶ族」は、ちゃんと時間を守れないことや、決まりごとをちゃんと守れないことを反省して、「ちゃんと」生きるよう頑張ってきた。でも苦しかった（だってできない）。

一方、「飛ばね族」は、「もっと頑張らなくちゃ」とか「もっと成果を上げなきゃ」「あの天才（飛ぶ族）みたいな成果を残したい」と反省してきた。

どっちにしても、反省しちゃった人が多いのです。

反省したってことは、自分にダメ出ししてきたのです。

ありのままの自分をダメだと思ってきたということなのです。

だから、結果的にどちらのタイプにも伝えたいことは、

「思うがままに生きていいんだよ」
「あの人みたいにはなれないんだから」

ということです。

「飛ぶ族」は、今まで以上に**周りの目を気にせずに好き勝手していい。**ていうか、結局周りは見えてないし、「飛ばね族」みたいにはなれないし、真似できてもずっと苦しいまま。「飛ばね族〝風〟」に生きてるとずっとイライラしてしまいます。自分を偽ってるから。

「飛ばね族」は「飛ぶ族」をうらやんだりねたんだりせずに、思い切って**真似しちゃえばいい。**もっとゆるーくボーッと生きればいい。

人間関係も、この２つのタイプを意識すると、トラブルが減ります。

飛ぶ同士のカップルや夫婦は、ハチャメチャだから見ていて楽しいです。でも、ハチャメチャでも周りがなんだかんだ助けてくれる（ただし助けられていることには気づかない）。

飛ばない同士のカップルは、息は合うでしょうね。同じリズムで生きているから。**ただ、枠は飛び出せないかもしれない。**

飛ぶ人と飛ばない人がカップルになるということは、**違う価値観の人間が一緒になるということ。これは、世界がばーっと広がる。**

どの組み合わせでも、幸せになれるのはなれるんです。ただ、そのためにも、世の中には2つのタイプがあるということを知って、押しつけず押しつけられず、

「ああ、コイツは『飛ぶ族』だったか〜（笑）」

って、おおらかに構えられるといいですよね。

あっ、あと飛ぶ族の人は「私は仕事ができるから飛ぶ族じゃないわ」「私は3つくらいしか当てはまらないから飛ぶ族じゃないわ」と考える特徴があります（笑）。

心屋より

性格の違い＝生き物の種類の違いと理解すれば自由になれる

Ⅱ テンション低くていい

先ほど人間には「飛ぶ族」と「飛ばね族」があると言いましたが、もうひとつ、大きく性質が違う2つのカテゴリー分けをするとしたら、

「めっちゃ族」と「ふーん族」。

これも僕と奥さんのテンションの大きさの違いから発見しました。

この2つも、飛ぶorr飛ばないと同じくらい、違う世界に生きていると感じます。これもだいたい50：50の割合でいるね。

「めっちゃ族」は、簡単に言うと感情的な人たち。「めっちゃ喜ぶし、めっちゃ怒る」

たとえば長野に行って美しい雪山を見たとしますよね。それでめっちゃ感動したとなると、その雪山についてのトークを延々とできる人なんです。めっちゃまずいラーメンを食べても同じ。延々とそのことを語れる（笑）。

「めっちゃ族」というのは要するに、**感情の振れ幅が大きくて、乱高下する人たち。**

そして、「めっちゃ族」を日々支えているのが、

- めっちゃ感動したこと
- めっちゃミラクルだったこと
- めっちゃおいしかったこと

だったりするのだけれど、それだけではなくて

・めっちゃ腹立つこと
・めっちゃイヤなこと
・めっちゃ悲しいこと

にも感情が強く振れる。なので、**ずーっと山あり谷ありの人生です。**

言ってみれば「めっちゃ族」は、山と谷をくり返すことで充電しているようなもの。自動巻きの時計みたいに、自分で振り子を振って充電してる。そんな人たち。

ちなみに少し表現が盛りぎみな側面もあります。10のうち6くらいのおいしさだったとしても

「めっちゃおいしい！」

と言うのがデフォルトなのが「めっちゃ族」。10のうち10おいしい料理だとしたら

「め――――――っちゃおいしい――――――!!」

となります（笑）。

一方、「ふーん族」は、アウトプットにあまりエネルギーをかけない。おいしいと思っても、そこで「おいしかったよ」以上のことを言うと、

自分の中の電池を消耗するから、あまり言わないのです。

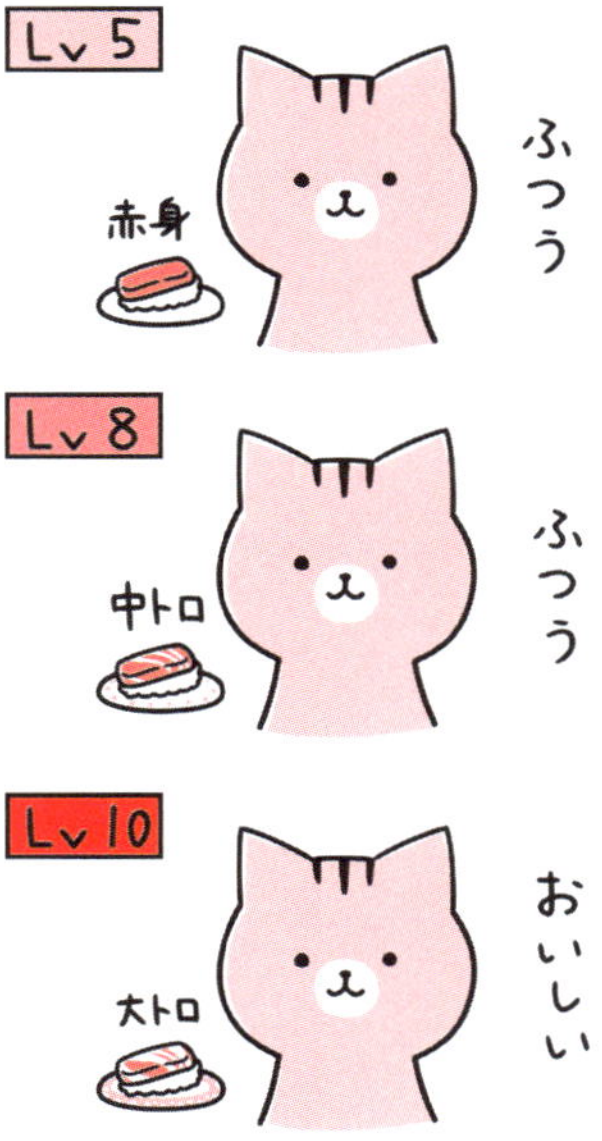

10のうち9くらいまでのおいしさだったら、「普通」ですませます。10のうち10だったら初めて**「おいしい」**くらいでしょう（だから！　家でご飯を作っても何も言わない旦那さんは、まずいから何も言わないんじゃなくて、ただの「ふーん族」なんですよ‼）。

腹が立つこと、悔しいこと、悲しいことがあっても、そこにあまりエネルギーを注ぎたくないから、**もういいです（切り捨て）と言ってシーンとなる。**関わりたくないらしい（笑）。

この2つのタイプも、お互いの考えていることがわかりにくくて、すれ違いやすい組み合わせです。

ご飯がおいしいか、おいしくないかなどの表現の差もそうですが、

愛情表現も全然違うんです。

「愛している」とか、「好き」だとか、スキンシップを大事にするのが「めっちゃ族」。それに加えて、「めっちゃ族」は、「おはよう」も「おやすみ」もメールやLINEしたりする。それが「ふーん族」のテンションとズレます。

「ふーん族」は、

「あれ、おはようって言ってきた。どうすればいいだろう?」

と考えて止まっているうちに

「え!? なんで既読スルー?」と「めっちゃ族」に怒られる。

たとえるなら、**さんまさんは「めっちゃ族」。タモリさんは「ふーん族」です（笑）。**

この違いを知っておくと、人間関

係は円滑になります。


たとえば、僕は「めっちゃ族」で、うちの奥さんは「ふーん族」です。

だから、「めっちゃ族」の僕としては、「おはよう」と送りたいし、君のことを気にしているよと伝えたい。でも向こうは「おはよう」と言われると「え？」となる。

そういうときはたいてい既読スルーされるから、僕は落ち込むんだけれど、

「なんかイヤなことでもあった？」

と聞くと、

「え、何もないよ。普通だよ」


と言われるだけ。

「めっちゃ族」と「ふーん族」は、これくらいすれ違います。

夫婦の話だけではありません。ちょっと想像してもらいたいのは、「めっちゃ族」の親から「ふーん族」の子どもが生まれた場合、その子は小さい頃に、どんな扱いを受け

るかということ。

たとえば、「ふーん族」の子どもは、親から誕生日プレゼントをもらったとしても、**親が期待するような子どもらしいかわいい反応ができないわけです。すごく嬉しかったとしても、**

「ありがとう」

と言うのが精いっぱい。

そうすると「めっちゃ族」の親は、その反応が気に食わないから、

「何、気に入らないの？ いらないの？」

と、追い込んでしまう。

こういった経験が続くと、**その子どもは一生懸命に人の顔色をうかがって、オーバーに反応して、無理をするようになっていきます。**

本当は「ふーん族」なのに、サービス精神で「めっちゃ族」のふりをするんですね。これが「サービスめっちゃ族」。もしくはお勤めだと思ってオーバーにリアクションする「ビジネスめっちゃ族」。これはものすごいエネルギーがいるようです。

これに慣れてしまうと、自分で自分の感情をごまかして表現するようになってしまうんです。もし自分の子どもが「ふーん族」で、リアクションが薄かったとしても、「めっちゃ族」と「ふーん族」は人種が違うから、と思って接するといいかも。

逆に、子どもが「めっちゃ族」で親が「ふーん族」の場合だと、子どもが親にサプライズか何かをしたのに、親側が無反応だと「ああ、愛されていないんだ」と考えてしまったりします。それも「カンチガイ」なわけですね。

ちなみに、怒りをエネルギーにできるのは、「めっちゃ族」のほうです。

僕は、自分のブログや本のレビューにアンチコメントがつくと、腹が立つタイプです。著者の友人の中には、全然気にならないという人もいて、いちいち腹を立てる自分がイヤだったんですよね。**自分って、なんて小さいんだろうと思って。**あんなふうに大人になりたいって思ってた。

でも、それが「めっちゃ族」と「ふーん族」の違いだとわかったら、ラクになりました。「めっちゃ族」は、そのイライラさえもエネルギーに変えられる。アドレナリンが出るのがわかるから。

逆に「ふーん族」はめっちゃ大人で冷静に見えるけど、実はただの冷たい人だったりします（笑）。

もちろん、「めっちゃ族」は褒められるのもエネルギーになる。プラスもマイナスも、振れ幅の大きいものはみんなエネルギーにできる（「ふーん族」は褒められることも「いいね」の数も気にならないらしいね）。

そんなふうに自分を理解できるのもいいことだと思います。

もうひとつ言うと、**今、世の中でうまくいっている人は「めっちゃ族」が多いように見えている**と思います。でも、違うんですよね。

「めっちゃ族」はめっちゃ語るから、そういう人が成功しているように見えているだけです。

本当は「ふーん族」にも、同じくらいの成功者がいます。でも「ふーん族」は表に出てこないから、目につきにくいだけ。

それを知っていたら、人間関係も、とてもラクになりますよ。あと、イヤな目に遭ったり、ひどいことを言われたりして、いつも怒っている人はだいたい「めっちゃ族」です。そうやって騒いで充電したい人。SNSで炎上してる人とか。

だからひどいことをする人を自分で呼び寄せてしまうだけなんです。変態ですね

（笑）。

女の子でも、女子〝らしく〟キャーキャー騒げないって悩む、「ふーん族」の子もいると思うけど、わざわざ〝あんなふう〟にならなくたっていいんですよ。

心屋より

いちいち自分を反省しなくていい

ずるい生き方❻

他力に任せる

じゃあ周りのことを考えて、周りのために頑張ってきた僕の人生は、悪い生き方だったんでしょうか?

いえいえ全然そんなことないですよ、
ただ…

ただ?

周囲にもそれを求めていませんか?

い、いやそんなことは…

ならいいんですが、「俺もやってるんだからお前も」「俺はやってるのにアイツは」という考え方で周りを見張ってませんか?

その考え方の人は、誰も信用できずに勝手にひとりぼっちになっちゃうんですよ
逆に、「みんな俺より頼れる人だから甘えてみよ!」って白旗揚げちゃいましょ
「頑張らなくても甘えたい」と思っている。

(一番の正解)

!!

うっ…

I 頼るほどに愛される法則

僕が、

「あまりがんばらなくていいんですよ」

と言うと、

「でも頑張らないといっても、サボってはいけないですよね」

って聞かれるんですけれど、違います。

徹底的に、サボるんです。

サボって、サボって、もっとサボって、こんなにサボっていいんだろうかというくらいサボってください。そして、周りの人から**「アイツだけずるい！　アイツのせいで迷惑をこうむってる」と思われるくらいなのが、ちょうどいい。**この本を手に取ってくれる人は「真面目で」「ずるくなくて」「ちゃんとした人」でしょうから。そういう人の「サボる」や「迷惑をかける」なんて**ネコパンチ程度**なのですから。

前に書いたように、僕はあるときから、頑張るのをやめました。ちゃんとすることも、人に迷惑かけないようにすることもやめました。そして、いろんなことを人に丸投げするようにしました。

講演の準備も、集客も、全部やめた。やってくれるという人を探し出して、**自分でできることでもまるっとお願いするようにしました。**

僕が言う「ずるい生き方」とは、この

徹底して人に頼る生き方

のことを指します。

そんなことをしたら人に嫌われるんじゃないか、迷惑なんじゃないか⁉ かわいそうじゃないか！ って思います？

でも逆なんですよ。自分でなんでもできる。人に迷惑をかけない。そう思ってやってしまう人は、実は人に、

「お前は役に立たない」
「お前よりも自分のほうがすごいんだ」

と言っているようなものです。実は他人の力を信用していない水くさい人。**言ってみれば周りの人のやる気を奪っている状態なのです。**ひとりで頑張っているから結局、いろいろうまくいかない。勝手にひとりになって他人のことを信用しないで、あとで助け

てもらえない、と文句を言う。そっちのほうが迷惑です。でも、自分がどうしてうまくいかないかがわからないから、もっと頑張ろうとする。

前にも書きましたが、僕の思う日本で一番怖い宗教は、**「頑張る教」**という宗教です。おそらく、日本人で一番多くの人が入信している宗教だと思う。「頑張って」「ガマンして」「私がやる」という自己犠牲を美徳とする宗教です（戦時中は必要だったのでしょう）。

仕事も恋愛も子育ても、頑張って頑張って、勝手に他人の分までギリギリまでやってしまうから、

「頑張ってるんだから褒めて！　感謝されたい！」

ってなってしまう。でも、感謝されないから、不満が溜まる。これじゃ足りないのかと思ってもっと頑張ろうとする。

しかも、「頑張る教」の人たちは、周りに迷惑をかけないということで結果として周

りにも迷惑をかけているんですよね。
なぜなら、「頑張る教」の人たちは、周りにも、

「あなたも頑張りなさい」
「あなたももっとガマンしなさい」
「人任せにしないで自分でやりなさい」

と、知らず知らずのうちに、自分の考えを押しつけて（布教して）いるからです。で、ちゃんとみんながやっているかといつも「見張って」いる。だから「頑張る教」の人たちは頑張らない人を見ると、イラッとしたりするんですよね。そして「ちゃんとやれよ」と「黄色い汁」を飛ばす。

勝手に頑張って、勝手にイライラしている。これがもう負のスパイラル。一番の迷惑。

さらにさらに、そうやってひとりで勝手に頑張っている人は、周りに「私に感謝しろよ」って思っている。でも自分は人として「周りに感謝しなければ」とも思っていて、

でも感謝なんてできない。だって自分だけ頑張っているから。でも**人に任せたり、頼ったり、迷惑かけたりし始めるとわかります。自然と感謝が「湧き出す」のです。**

「しなければ感謝」ではなく、「してしまう感謝」「ありがたいなあ」です。

すると、今まで見張っていた人たちにも優しくなれるのです。

この負のスパイラルから抜け出すのが「ずるい生き方」

です。本当は、頑張ることも、ガマンすることも、ひとりで抱え込んで耐えることも、やりたくないんです。**だってどんどん孤独になってしまうから。**でもそのやり方しか知らないから、どんどんガマンして自分を見失って、頑張っていない人にイラついてしまう。で、「誰も助けてくれない」と嘆く。でもそれは、自分が「勝手に」やっていること。

そう、人に迷惑をかけて嫌われたくないから。

勇気を出して他人を信用して頼ってみたら、頑張っていないのに、サボって丸投げのポンコツなのに、みんなが勝手にいろいろやってくれる。

しかもその人たちに、感謝までされる。本当はみんな頼りになるし、優しいのだ。

これまでどんなに頑張っても感謝されなかったのに、勝手に感謝されるのが、「ずるい生き方」です。今までの「感謝しなさいよ」から、「感謝してしまう」。そんな優しい人生に変わっていきます。

他力本願って、他人を活躍させる生き方なんですね。

今までは、手柄をひとり占めしたかったんです。

「すごいね」「頑張ってるね」って言ってほしかった（お母さんにかな？）。

でもそれができるようになったら「自分でできること」でさえも任せてしまうんです。迷惑かなとか、負担だろうなとか思わず。その人に手柄をあげてしまう。

あと、人に任せられない人は「自分のやり方」にこだわります。「私のやり方」「私と同じようにやってほしい」。それはミスが怖いから。

そんなミスまで込みで、その人のやりたいように、得意なやり方で全部任せるんです。あなたよりいい仕事してくれますよ～（笑）。

あなたの代わりはいくらでもいるのだ。
あなたより優秀な人もいっぱいいるのだ。
あなたはボーッとしてていいのだ。

心屋より

あなたは人から助けてもらえる人なのだ

Ⅱ 私だから愛される

人に頼れば頼るほど感謝される。これは、ビジネスだけの話ではありません。ちょっと思い出してほしいんだけれど、

モテる女の子って、みんな、人に頼るのが上手だと思いませんか？（はいそこ！　美人限定だよねとか言わない！）

なんでも自分でしようとする女の子よりも「ちょっと荷物持ってくれる？」と言えちゃう子のほうがモテます、これ本当に。

バーベキューに行ったら、甲斐甲斐しく動く女の子は一生懸命に肉を焼くのよね、みんなの分まで。役に立とうとして、そのほうが家庭的だから、とか（もちろん料理好き

な人はどんどんやろう)。でも、モテる子は「暑いから」と言って、パラソルの下で涼んでいたりする。そうしたら、男がせっせと肉を運んだりするのね(笑)。

汗だくで必死に肉を焼いている女の子にとってみたら、許しがたい状況だと思うんだけど、でも、やっぱりパラソルの下にいる女の子のほうがモテる。

これはどうしてかというと、

そういう女の子は男をヒーローにしてくれるからなんです。

「役に立つ俺、助ける俺」という、ヒーロー気分を満たしてくれるから。男は姫のところに集まるものなので。

これは、結婚してからも同じ。

68ページでも書いたけど**自分でなんでもかんでもやっちゃう女性は、やっぱり男性のやる気を削いじゃうのかもしれない。**結果として夫をダメンズにしてしまう。だから残念なことに、良妻賢母が一番男をダメにするし、ワガママにする。感謝されないから、不満も溜まっちゃう。

これまでは、夫を立てて尽くす奥さんがあげまん、みたいに言われてきたけれど、本当のあげまんは、夫にワガママを言う、尽くさない、お金を使う。そのほうが男はよっぽど頑張るよね、と感じま

す。**実はこれ、女性側が自分に自信がないとできないわけです。**それこそ「役に立つから愛される」とか「かわいいから」という理由のある自信じゃない。

「〝私だから〟愛される」

という自信。相手に必要以上に尽くしてしまうのは、「そうしないと愛されない」と心の根っこで思っているから。この状況から抜け出すためには、結局「尽くさない」を実践して、体験してみるしかない。

この間、知り合いの女性がいつまでたっても稼がない夫に、愛想をつかして2週間家出したと言うんですよ。それまで彼女は、アーティストの夫の夢を支えるために、炊事洗濯子育て全部やったうえで働いていたそうです。

でも、あるとき急に**「どうして私がここまでしているのに、夫は稼ごうとしないんだろう？」**と思ったらしく、それで2週間の家出。

でも、2週間後家に帰ってきたら、彼女の夫はちゃんと食事も作り洗濯も、子どもの世話もしていて、バイトを決めてきたらしい。「これまで負担をかけてきて申し訳なかった」と謝られたそうです。

彼女も、

「自分が頑張れば頑張るほど、夫が何もしなくなるんだってことがわかりました」

と言っていました。彼は、この数カ月後正社員の仕事を決めてきたんだそうです。年収が10倍以上になったとか！

「頼っても甘えても助けてもらえる自分」

この「ずるい生き方」ができるようになると、相手にも自分にもいいことが増えていくんです。

心屋より 人に頼ることは自分を信じること

親
恋人
荷物
友人
お金
仕事

ずるい生き方⑦

逆をやる

「俺はやってるのに
アイツは…」という気持ちは
誰しもありますよね
またどこかに
向かって話しかけてるニャ…
1
うんうん
「やってないアイツ」を
嫌うのもよくわかる
おろされた
2
そこでひとつ
イヤなアイツに
なってみましょう
3
サボって、逃げて、嘘ついて
偉そうで、お礼も言わない
その選択をしてみましょう
サッ
いや…
なぜそんニャこと…
4
やってみると
気づくんですよ
案外たいしたことない
怒ることでもないなって(笑)
サボる
逃げる
嘘をつく
約束を守らない
無礼
偉そう
傲慢
5
認められた!
6

I 嫌いなヤツの真似をする

今日から頑張ることをやめようと決意した人が、まずやるべきことは何か。

ずばり、

あなたが嫌いな人の真似をすることです。

あなたの周りに、

「自分だったら絶対あんなことはしない」

「何を考えてるのかわからない」

「ありえない」

という人はいませんか？

たとえば周りに迷惑をかける人、ひどいことをする人、適当な人、何をやってもダメダメな人。そういう人の顔を思い浮かべてほしいんです。なぜなら、それこそが、あなたが目指すべき人物像だからです。

「いや、反面教師にするならわかるけど、アイツを目指すとかありえない……」と思ったでしょうか。それはそうでしょう。

あなたの嫌いな人は、あなたが怖くてできない、封印してきたことをやっている人

でしょうから。

これはしちゃダメ。これは迷惑をかける。そうやって「悪いこと」だと信じて封印してきたことを、軽々しくやってしまう人だから、きっとあなたはその人を嫌いなんですよね。

でも、ちょっと考えてほしいのです。
あなたがもし人生超うまくいってるという状態じゃなければ（もし超うまくいっていたら、この本を読んでいないと思うんだけど）、

あなたが今までやってきた方法をこれから続けていても、今までと似た未来しか来ないと思いませんか？

今までダメだと思っていたことをやることが、大逆転への近道なのです。
自分が１８０度違う結果を出したかったら、今までと１８０度違うことをやってみる。つまり、自分にとってありえない結果を出したいなら、

「アイツみたいなありえないことをする」

ことが、ありえない結果を出すのための一番の近道になるんです。

だから一番イヤなこと、タブーにしてきたこと、一番怖がってきたことをやってみてください。だってあの人には「ありえないことじゃない」のですから。

「いや、別にあんなことしたくねーし！」と言われるのもわかります。でも考えてみてほしい。「なぜ、あの人のイヤなところを見せられたのか」「なぜ、あの人に反応したのか」ということ。あの人を別に怒ったり嫌ったりしていない人もいる。

だけど、あなたは「反応」した。

ここにあなたの人生を変えるポイントがあるということです。それはなぜかというと、あなたが〝本当は自分にもあるのに悪いことだと抑え込んでいるから〟です。そう「アイツのイヤ」もあなたの「一部」なのです。

そんなお手本にすべき人は、意外とあなたの近くにいます。ムカつくパートナー、腹立つ上司、言うことを聞かない子ども、意地悪な友だち…。あなたにとっての「神」は、実は身近にいます。家にもいます。

お金を出してこんな本、読んでる場合じゃないかもしれない（笑）。

もしダンナに対して、
「この人ちゃんと働かないし、怠けてばっかりだし、ダメな男」
と思っていたのだとしたら、**実はその人が福の神です。**

そのダンナが、実は自分には怖くてできないことを罪悪感なく軽々とやっているすごい人だと気づいた瞬間が、あなたが幸せになる瞬間です。あなたもちゃんと働かず、怠けて、ダメなところをさらして、本当の自分を見つけるチャンスなのです。その人の言うことに耳を傾けることが、何より人生の勉強になります。

「あんな人みたいなのはダメ‼」と反面教師にすればするほど、「あの人」は巨大化します（笑）。反面教師ではなく「教師」、いや「師匠」です！

イヤな人を観察し、その人がやっていることをやってみてください。すると、あら不思議…。**今まで「しなければいけない」「してはいけない」と思っていたことが、勝手**

な自分だけの思い込みだったことに気づくはずです。

- 人に迷惑をかけちゃダメ↓かけてもいい
- 愚痴や悪口を言うのは恥ずべきことだ↓言ってもいい
- 礼儀正しくしなくては失礼だ↓なれなれしくてもいい
- 人をねたんだりうらんだりするのはよくない↓ねたんでもいい
- 人を頼ってはいけない↓迷惑かけてもいい

いけない↓いいに変える。これを「許可」と言います。禁止を許可するのです。

こういうことを意識して実際にやってみるだけで、オセロをひっくり返すように、急に世界が一変します。オセロをひっくり返しても、あなたはあなたのまま。裏面のあなたが見えただけなのです。

この〝ダメだと思っていたことをやってみる〟ことを心屋では〝タブーを犯す〟〝バ

ンジーを飛ぶ〟と言います。

これいわば、**「親の教えを破る」**ことでもあるのです。それだけ怖いことをやってみたら、人生も価値観も現実も変わります。でも、時々大ケガすることもあります（笑）。（すべてうまくいくとは限らんわい）。

怖さがなくなってからやるのではなく、怖いまんまやるのです。失敗はしてから考えよう！

心屋より

勇気を出した人を神さまは見捨てない

Ⅱ 人に助けさせてあげる

ここまで言ってもやっぱり、

「人に迷惑をかけるのが怖いです」

っていう人は多い。当然ですよね。何十年もの習慣ですから。

そういう人はまず、

店員さんにお礼をするのをやめてみてください。

「人に迷惑をかけるのが怖い」という人は、だいたい、**ものすごくいい人です。**そういういい人にとって、店員さんに「ありがとうございます」「ごちそうさまでした」と言わないのは苦行かもしれません。

でも、一度お礼をするのをやめてみたら、

「あれ？　意外となんともない…かも？」

って気づくはずなんです。

もう一度言います。何度も言います。

もともといい人のあなたがかける迷惑なんて、
しょせん、ネコパンチ程度のもんです。

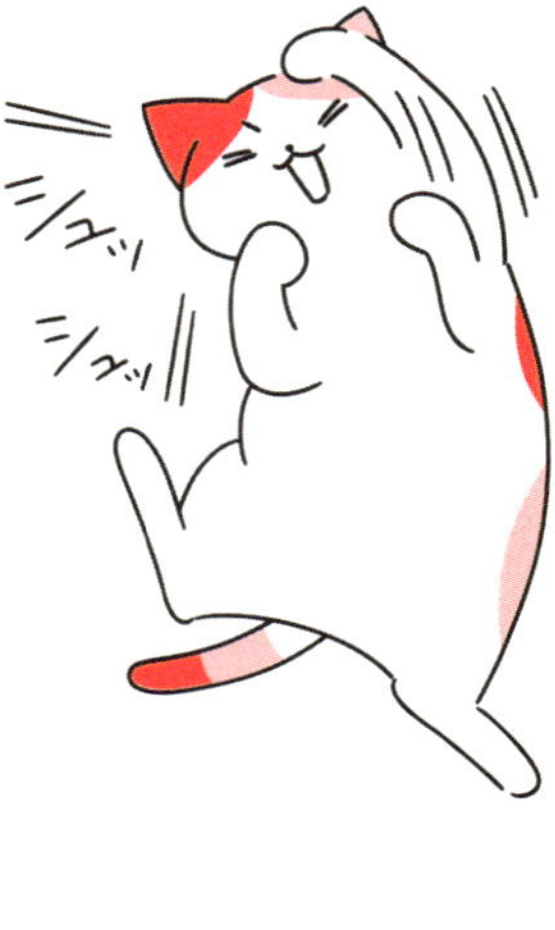

・コンビニで店員さんに「ありがとう」を言わない
・居酒屋やレストランで料理を持ってきてくれた人に「ありがとう」を言わない
・タクシーを降りるときに「ありがとう」を言わない

「いや、普通に人としてやりたくないし！」「楽しくないし！」って思ったでしょ？

そんなときは前の「嫌いなヤツの真似をする」を思い出してください。

こういうネコパンチをくり返して、心が痛んだり、罪悪感を覚えなくなるところまで続けてみてください。そうしたら、「ありがとう」を言うこともできるし、言わないこともできるようになる。つまり、**世界と選択肢が2倍になります。**

今は、「ありがとう」を言わなくては「いけない」世界、人を不快にさせては「いけない」世界しか知らないから、世界が半分なんです。**あなたが「ありがとう」を言わなくても、誰も不快にならない**という「いい」の世界を体験してほしいんです。すると、自分が「ありがとう」と言われなくても、平気になるのです。

それができるようになったらセカンドステージ。

機嫌が悪い日に、機嫌が悪いという顔をしてみてください。 腹が立ったときは腹が立った顔をしてみてください。しゃべりたくない日はムスッとしていいんです。いつもニコニコなんてしなくていい。
「相手にイヤな思いをさせるから、いつもニコニコしてなきゃいけない」と思っているのだったら、喜怒哀楽に丸バツをつけず、機嫌をダダ漏れさせる〝訓練〟をするわけです。

そうやって訓練していくうちに、自分が怖がっていた「人に迷惑をかけること」が、たいしたことではないと気づくはずです。「人に迷惑をかけない」とは、一見他人への

思いやりのように聞こえますが、結局は、

「迷惑をかけることで嫌われたくない」

という**究極の自分勝手**なのです。しかもそういう人に限って「人に迷惑をかけられることを極端に嫌う」のです。

僕の受講生に目の見えにくい病気の人がいました。

当時彼女は、昔はあらゆることにイライラしていたと言います。

結婚もしていたのだけれどダンナさんとうまくいかず、仕事もうまくいかず、悩んで悩んで僕のところにきたのです。

彼女と出会った頃に、ひとつ印象的な出来事がありました。彼女は、普段白杖を使っているんですが、その白杖をなんとか隠そうとするんです。

「どうしてそれを隠そうとするの?」

と聞くと、

「だって、迷惑をかけますから」

と言うんです。

自分が「目が見えない人」だということがわかったら、他人に心配させたり迷惑をかける。だからいつも白杖をたたんだり、人目につかないように隠したりしていると言うんです。

僕は彼女に、

「ええやん、ちょっと助けさせて」

と言ったんです。

「君はそこが弱い部分かもしれないけれど、ほかは元気だし、弱いところはない。**だから僕たちにできることをさせて。僕らも君のことを助けられたら嬉しい。だから僕らに助けさせて**」

と、伝えたんです。

彼女はそれにものすごく驚いて、ガラッと価値観が変わったと言います。人に迷惑をかけていいんだ、助けてもらっていいんだと思ったら、急に世界が変わったと。

これまでひとりで頑張って、ガマンして、努力して、できるだけ人に迷惑をかけないようにしてきた人生だったというから、天地がひっくり返ったような気持ちになったんでしょう。彼女は今、また素敵なダンナさんを見つけて結婚して明るく楽しく幸せに生きています。

心屋より

助けさせてくれないなんて、水くさいじゃないか

Ⅲ　努力は裏切る

時々、苦行スイッチが入る人がいます。苦行を「したくなる」スイッチですね。僕もそう。学生時代に陸上部を選んだときも、何か苦しいことにチャレンジしてみたかった。就職活動で佐川急便を選んだときも、やっぱり何か苦しいことをしてみたかった。そして、起業してゼロからスタートしたときも…。

苦しいところに飛び込んで、それを乗り越えたいという気持ちや、どこまでやれるか試してみたい好奇心とかが、人間にはあるんでしょうね。それが楽しいんだと思います。変態なんですね（笑）。

苦労するのが美徳だという感覚は、日本人特

有のものかもしれないですね。「寝てない自慢」や「病気自慢」も、あれやっぱり苦労を美徳とする精神から来ていると思う。

オリンピック選手が金メダルを取ったときも、ケガを乗り越えて…と言われたら、みんな感動するもんね。楽勝でなんとなく金メダル取っちゃいました〜って言われたくないでしょう。

「それだけ苦労しているんなら、成功しても許しましょう」

という謎の上から目線でみんな見ている。

映画でも、敵や挫折、逆境を経て大逆転。というのがヒーローものの定番でしょう。山が険しければ険しいほど心躍るアルピニストの心なんです。

でも、あえて言うけれど、苦労して辛い目に遭って頑張った人だけが成功するというストーリー。

これはもう都市伝説だと思ってください。

努力も苦労も、すぐに裏切るからね。もしも努力して苦労してそれが必ず報われるんだったら、高校野球、全部の学校が甲子園で優勝しちゃうでしょ。

「苦労しないと成功できない」もしくは「ラクして成功しちゃいけない」と思っている人がたくさんいる中で、**現実には、そんな苦行をせずに成功していく人もいっぱいいるわけです。**

僕が佐川急便にいた頃も、今思えば、仕事で結果を出している人たちって、ものすごく遊んでいて、プラプラしている人たちが多かったような気がします（苦労をしているふりをするのはうまかったけれど）。

口では「大変だ、大変だ」と言っていたけれど、実際には普段あまり仕事をしていないし、ラクなことばかりやっていて、イヤなことは他人に任せてひょうひょうとしていて。それで、その人たちはどんどん昇進していくわけ。今思うと神でした（誤解を含む）。

だから別に、どん底から這い上がらなくていいんです。

這い上がるためにどん底に落ちなくてもいいんです。

会社に勤めていても、自由な人は自由ですし、フリーランスで独立していても、何かに縛られて不自由で険しい山を選んで登る人もいます。

これは、仕事だけではありません。

結婚してもアルピニストな人もいるし、独身でも苦行の人もいる。逆に、子育てをしていても自由な人もいる。子どもを放ったらかしにしていても、子どもがすくすく育っていることとなんて、よくあることで。

だから今何かに苦労しているみなさん、まず、自分は「苦労好きなんだ」と知ってくださいね。

心屋より

努力と苦労とガマンは、すぐ裏切る

ずるい生き方❽

前提をひっくり返す

とはいえ、イヤなヤツの
真似ばかりしてたら
嫌われるんじゃニャいか?
?
いや、それが
逆なのよね
は?
「嫌われちゃうという
前提」を変えるのよ
好き勝手してても
〝どうせ〟好かれる
このマインドです
いや…
よく意味がわからニャイ…
どうせって??
ただし、
そのために
必要なのが
もうひとつ
無視
すんニャ!!
好き勝手してダメダメだろうが
自分は素晴らしい、と気づくこと
自信もブレないし、失敗も
気にならなくなります
あとは自分が
憧れの人に
なりきってしまう
ことですかね
ごめん
ごめん
もう読まないと
わからニャイなこれ…

I 作った自信は崩れる上げ底の法則

自信には、「一瞬で崩れる自信」と、「生涯崩れない自信」があります。

たとえば、自分が「有名大学卒であるから素晴らしい」と思っている人は、**その学歴になんの興味も示さない人や、さらに高学歴の人を前にすると、その自信を失います。**

他にも、これができるから、こういう売り上げを上げたから、こういう仕事をしたから…。そうやって身につけた自信は、

実は自信ではなく自信もどき。

その実績（理由）がなくなったら一瞬で崩れる自信だから、一生懸命そこにしがみついて頑張ってしまうんです。

自分を大きく見せて褒められると、その「褒められた記憶」は、結果としてあなたを苦しめます。

たとえば、彼の両親に挨拶に行ったときに「礼儀正しいね」と褒められたとします。そこで**「ちゃんとしているから私はここで受け入れられているんだ」**と思っちゃうと、結婚してからもそれを守り続けようとしてしまう。するともうまったく気を抜けない。

僕はこれを**「上げ底の法則」**と呼んでいます。

僕は、自分で自分を勝手に上げ底にしちゃって、疲れちゃっている人が多いと思う。背伸びしすぎて、そこからさらに背伸びして、つま先立ちし続けなければいけない。そんなふうになっていると、苦しいよね。

「料理ができるから」とか「掃除ができるから」「役に立つから」という条件で自分が愛されていると思ったら、**絶対にその上げ底を下げることができない**んです。

もっと高くしなきゃ、もっといい実績を上げなきゃいけないと思ってしまう。

そうしないと嫌われる、見捨てられる。それは**「大前提」が、自分は嫌われる人、愛されない人、ダメな人だと思ってしまっているから。**だから「そうでないよう」に頑張ろうとする。なのになかなか「そうでないよう」にならず苦しみ続ける。

心屋では、この〝大前提〟でどう思っているか、が自分の身に起きる現実を作り出すので、最も重要視しています。

「どうせ私はダメ、愛されない」と思っていると、「やっぱりダメ、愛されない」という証拠（現実）を集めてまた〝頑張らねば〟という終わりのない頑張りのスパイラルに落ちていく。これを**「どうせとやっぱりの法則」**と言います。

心屋はこれを〝悪用〟して、「どうせ」が「やっぱり」を呼ぶのなら、**「どうせ愛される」「どうせうまくいく」**とひっくり返してしまうのです（声に出してみてください）。するとやっぱり愛される、うまくいく」という現実がやってくる。そう「大前提」が間違っていたのです。それなら、ずるい生き方⑦の「逆をやる」をやればいいだけ。

目の前の「やっぱりダメ」な現実はダミーです。「やっぱりな現実」は「どうせと思っている自分」を見つける大きなヒントなのです。

かつての僕がまさにそうでした。

ダメなところを見せたら絶対にダメだと思っていた。だから、ダメなところをカバーするためにも頑張ったし、隠すことにも頑張ったし、失敗しないように、いいところを見せたくて頑張り続けて自信を保ってた。

でも、あるとき気づいたんです。その「できないところ」を見せれば見せるほど、周りの人が喜ぶってことに。ステージでも噛んだり、話を忘れたり、ミスをするほどにみんな喜びます。

実績もない。あれもできない。これもできません。そう言えるようになると、すっごくラク。自分に嘘ついてないのだもの。いくら隠しても底上げしても自分だけは本当の自分を知っているから。そして、たくさんの人が助けてくれることに気づいた。しかも、何を言われても腹が立たない（ゼロではない）。しかも、そんな自分でも好きでいてもらえたら、それこそ何よりも強い自信になります。それをダメだという人には早めに離れてもらうとさらにラクです。

「これがあるから自分は素晴らしい」

という理由があるのは、実は脆いものなんです。

そうではなくて、本当の自信というのは、

何もないけれど、ダメだけど、自分は素晴らしい

と思えること。まずは思ってみませんか？

この気持ちを持てるようになったら、これが自分の大前提、当たり前になれば、その自信は絶対に崩れません。だってそれより下はないのですから。崩れようがない。

だから成功するということは、実績を上げるということではなくて、**実績がない自分**

を、自分自身が受け入れるということが、多分究極の成功だと思うんです。そのためには素のままのダメな自分を出さないとわかってもらえません。

つまり、上げ底をやめないと気づけないのです。

多くの人は「ダメがバレないように、よく見られるように頑張る」ようにしています。

でも、

「あ、ダメでもいいんだ」

「黒い部分があってもいいんだ」

「変な部分があってもいいんだ」

と思えたら、見栄も張らなくなる。何よりバレてますよ。

すると、好きなことだけできるようになる。失敗も気にならなくなる。緊張もしなくなる。

好きなことだけやると、自分のテンションが上がります。テンションが上がると輝き出す。輝き出すと、世の中の人に見つかります。すると勝手にティーアップ※してくれたりします。

つまり、実績があるから素晴らしいのではなくて、何もできなくてもダメでも、私という人間だから素晴らしい。できないところがあるから素晴らしいし、できることもたまにあるから素晴らしい、という思考にシフトしていくといいんですね。自分で思うダメなところが他人から見たら魅力だったりするのです。

そして自分がダメだと思ってしまうのもしかたない。それも自分です。諦めましょう。ダメでクズな自分なら、失敗してもうまくいかなくてもダメでクズなまんまだから、それでいいのです。上げ底してるから落ちると思うだけで。

クズでいこうよ！

※ティーアップは、他人が上げてくれること。反対に自分で上げるのは上げ底

心屋より

なんで自分はダメって信じちゃったのかね？

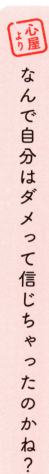

Ⅱ 憧れの人をダウンロード 福山雅治の法則

数年前から福山雅治さんのツアーによく行っているんです。

僕は2012年から音楽を始めたのですが、そのとき音楽事務所さんに助けてもらって、そのつながりでよくチケットを取ってもらって全国ツアーをいろいろ観に行かせてもらいました。演出や、彼の立ち振る舞いをじっと観察していました。

それまでは、自分の中では福山さんは「俳優」だったんですが、初めて連れていってもらったライブで、そのパフォーマンスと楽曲にドはまりしたのです。男性ソロアーティストとして学べるところがたくさんある！　と思いました。

何より、彼のステージでの堂々とした振る舞い、

「みんなよく来てくれたね！　ありがとう東京ドーム！」

と、胸を開いてみんなからの声援を受け止める。

でも、もしこれが、

「いやあ、みなさん、僕なんかのために来てくださってすみません…」

って言ったら、お客さんはどう思うかってこと。そんな謙虚さ、コンサートのステージではいらない。堂々としてないって、なんてかっこ悪いんだ、と思うのです。

「自分なんてたいしたことない」

「アイドルみたいに黄色い声援なんて無理」

と卑下したり、小さくいようとしてしまうけど、それって一番

かっこ悪い。

恥ずかしかったり、自信がなかったりする。ステージに立っているのに。

すごい結果が出るまでは、堂々としていてはいけないと思っている。

しかも、すごいと言ってもらいたいから、一生懸命結果を出そうとするのに、いざ結果が出て、

「すごいですね」と言われたら、

「いやいやいやいやいや。めっそうもありません」

って言うんです（笑）。

しかも、誰か別の人が、木の影から

「いや、そんなにすごくないだろう。たいしたことないよな」

って言っていたら、**めちゃくちゃ傷つくわけ。**

これもう、矛盾だらけですよね。

だから僕は、**福山雅治さんのマインドを自分にダウンロードすることにしたのです。**

そしてステージ上でも、どこでも胸を開いて、私はすごいし愛されているし自信があるように振る舞うことにしたわけです。

そこになんの根拠も実績もないけれど、でも、

「僕が『自分はすごい』と言うことで、あなたに何か迷惑かけましたっけ?」

というぐらいの態度で堂々としていたら、結果的にすごいと言われることがどんどん増えていくんですよね。

だからいったん先に、自分はすごいことにしてしまう（前提）。

自信なんて、しょせん、それだけのものです。結果はそのあとに現実化していくのでしょう。

すみません、と思って仕事をするのではなく、私は素晴らしい人間だから、もうこういう仕事はしません。これからはこういう場所を選びますと言ってしまう。

今でも、

「福山さんだったら、どうするだろうか」

と考えて行動することがあります。こんなのも「大前提」を変える、ということなんですね。

心屋より

先に「自分はすごい」ことにしてしまおう

Ⅲ 未来の先取り ユーミンの懇親会の法則

続いて、「ユーミンの懇親会の法則」も紹介しましょう。

僕は、もともとセミナールーム出身です。セミナールームというのは、いわゆる会議室。ホワイトボードがあって、それを使って説明をするようなセミナーをずっとやっていたわけです。

それまで僕の学んできたセミナーの多くが、終わったあとに懇親会がありました。受講者も講師と直接触れ合えるのでそれを楽しみに来てる人が多い。だから、前にも話したけれど、僕は飲めないのでいやいやながらも、そういうものだと思って懇親会を開催していました。

でも、あるとき思ったんです。

「ユーミンだったら、絶対懇談会はやらないよな」

って。

「横浜アリーナでライブしたあとに『じゃあ、懇親会行く人!?』って、絶対観客に聞かないだろうな」

って（笑）。そして、もし自分が今後大きなホールで講演をするとして、その大きなステージで小さなホワイトボードを使うのは、違うよな…、と。

ということは、ホワイトボードを使って説明したり、懇親会を開催したりしているうちは、
そういう規模の仕事しか

できないと思ったのです。

だって、ホワイトボードの文字が読めるレベル、当日に人数を聞いて居酒屋に入れるレベルの数ですもんね。

僕はホワイトボードを使って説明するのが得意だったし好きだったけれど、あえてそれをきっぱりやめました。

だって、日本武道館のステージにホワイトボードがあったらかっこ悪いでしょ。

ホワイトボードを捨てて、マイク1本で自由に話せるようになろうと思ったんです。そうしたらどんな大きなホールでも対応できる。

あと、大きなホールでの講演をやっていくと考えたときに、もうひとつやめたことが、名簿作り。それまでセミナーをやっていたときは、名簿って必須だったんですよ。

「はい、〇〇さん、3000円になります」

って集金したり、出欠を確認したりするために。

でも、たとえば日本武道館でやるとなったら、絶対その場で集金しないし、名簿で出欠確認もないですよね。完全なチケット制。もちろん、キャンセルや欠席の払い戻しもしない。だから、規模が小さいうちから名簿もやめてチケット制にすることにしました。

僕が日本武道館で何かしたいと思い始めたのは、2007年くらいのこと。でも、本を1冊出したか出さないかぐらいの人間が、武道館で何かしたいなんて、

「はあ？　何言ってんの？」

の世界ですよね。

なおかつ、どうすればいいのかさっぱりわからないし、何をすればいいのかも当時は全然わからなかったので、ただの戯言《ざれごと》だと思っていたんです（しかも当時は、そのス

テージで歌を歌うなんてこと思いもしなかった)。

でも、イヤなことを全部やめて、狭くて細い世界に生きていたら、イベント会社さんが武道館が空いていますよと言ってくれて、武道館でやるための手続きとか、準備とか、全部仕切ってくれた。僕がやったことといったら、

「これはどうしますか?」

といろいろと聞かれて、聞かれるままに答えていただけ。気づいたら、当日に、

「ここに立って歌ってください」

って言われていたんです。


だから、**夢を叶えるのさえ努力はいらない。**誰かが叶えてくれる、そう思ったのです。

どうやればその夢が叶うのかはわからないけれど、**そうなることだけは決まっているんだよというのを教えてくれるのが、憧れの人の存在**なのかもしれない。

憧れの人もしょせん同じ人間。

だから、

その人がかっこいいと思ったら、自分も同じようにすることを許可してあげればいいんです。

自分もあんなふうにかっこいい人になっていいんだ、と信じ込む。

だから、大切なのは**「まだそうなってなくても、既にそうであるかのように振る舞う＝未来の先取り」をすること。**〝先に〟ホワイトボードをやめ、懇親会をやめ、名簿をやめたら、そうなっていくと思うのです。心の中の大前提が変わってなくても、先に行動で変えてしまえばいいのです。

憧れって無理して作るものじゃなくて、気づいたら憧れているものだと思うんですよね。イヤなアイツも自分だけど、憧れのすごい人も自分なのです。もし、イチローに憧れているなら、イチローに憧れる理由があるのです。イチローに憧れる人とそうでない人がいる。あなたが憧れるならそこに「何か」があるんです。

ただし、ひとつだけ注意するのは、

「あんなふうになったら愛される」

「あの人のようになれたら、幸せだ」

という順番で考えないこと。


僕は最初から愛されている。幸せである。

だから、あの人のようになれるんだ。この順番です。

心屋より

憧れの人の行動を見る、真似る

Ⅳ 「あれは、私」人生の予告編の法則

ある法則を思いついてから、すごい人や成功してる人を見ても、

嫉妬やねたみを一切感じなくなりました。

その法則というのが**人生の予告編の法則。**

嫉妬やねたみが生まれるのってなぜかと考えてみたら、その根底にある感情は**「私にはできない」**だと思うのです。うらやましいという気持ちが湧くから、一緒に嫉妬やねたみも生まれる。

昔だったら、「本が累計100万部売れました」という人がうらやましかった。

僕はまったくそこまでいっていないから。でも「できない」と同時に「できるはず」も持っているのです。でも**自分のほうが頑張っているはずなのに**とか、**面白いものを書いているはずなのに**とか、そう思ったら嫉妬やねたみが生まれる。

でもあるときふと思ったんです。

どうして僕は、その100万部いった人のことを「見せられている」んだろう、「知らされている」んだろうと。そう考えたとき、

「あ、そうか。これ、予告編なんだな」

と思うようになったんです。

映画の予告編のように、これから自分に起こる出来事をダイジェストで見ているだけ。この次は自分の番なんだ、と思ったら嫉妬もねたみも感じなくなりました（ゼロではないよ）。

だから映画の予告編を見ながら、

「へえ。１００万部か。すごいなー。オッケー。次、僕の番ですね」

という感じでいればいいんです。これから自分が行く道を、先に見せてくれてるんですね、ありがとうございまーす！　といったイメージです。だから僕も、「想像さえしなかった」レギュラーで３年間のテレビ出演や、そこからの全国の講演会ツアーやライブツアー、さらには、日本武道館での独演会（２０１７年２月）、また、ここまでの著書累計発行部数が６００万部という体験をすることができたのです。

さっき、福山さんとユーミンの話をしたけれど、あれも予告編だと思ったら「次、僕が行きまーす」（バカみたいでも面白いのでやってみて）と思って自分にダウンロードしてしまえばいいのです。

そもそも、**それまで自分ができるとも思わなかったことを、先にやってくれている人がいる。**

その予告編を見せてもらえているわけだから、「そっかそっか。あれくらいは自分もできるようになるんだな」と考えるわけです。

つまり今、カンニングさせてもらえてるんです。

そうなると、嫉妬どころか感謝するくらいの気持ちになる。

これは憧れの人を見つけ、目標を立てて、それに向かって頑張るというわけではありませんん。「目指す」のではなく、「次、私の番かー」と、思うだけです。

さて、次は僕もワールドツアーだ（汗）。

心屋より

自分をナメたらあかん！

ずるい生き方9

無責任に生きる

〜〜〜…

また何かと話してるニャ…

超ウケるんですけど〜

くるっ
?!

ニャにしてる…?

ギャルだよ
まぢムリなんですけど〜!

前回からずっと何を言ってるのかわからニャい…!

いや、トラブルがあったとき、ギャルのマインドと言葉を借りると、深刻にならないんよ
最初にそれを言えニャ!!

で、何があったニャ?

実はね…

I

ギャル最強の法則

「無責任」という言葉は、真面目な人にとっては「タブー」だと思いますが、実はこれもずるい生き方の大きなひとつです。

ずるい生き方を実践していくときに、役に立つ言葉かけがあります。

そのひとつめが、天井を見上げてギャルふうに、

「ちょろいんですけど～」

です。何か面倒なことや、難しいことに直面したとき、声に出して「ちょろいんですけど～」と言ってみてください。

「事業責任者ですか？　ちょろいんですけど～」

「1000万の赤字ですか？　ちょろいんですけど〜」
「5キロダイエット？　ちょろいんですけど〜」
「モテモテになるとか？　ちょろいんですけど〜」

軽く楽しい感じで言うのがおすすめです。

問題は真剣に取り組んでも「深刻」になると抜け出せなくなります。それは問題を「悪」として排除しようとするから。「悪」を排除するのは「正義」の仕事。でも正義のヒーローが「悪」を作るのです。悪がいないと正義のヒーローも存在価値がないただのバッタや宇宙人やアンパンです（笑）。だから、正義のヒーローが悪を悪として見なくなることが大切なのです（だって正義のヒーローも、最後は暴力で悪を倒すのですよ）。

失敗したとき（悪）は、それを笑い飛ばす言葉が有効です。悪としてなんとかしなければと、排除したり改善するのではなくて、おすすめしたいのは、ギャルになりきった感じで、

「超ウケるんですけど〜」

「え、うちの子、成績最悪なんですか？　超ウケるんですけど〜」

「え、私、部長を怒らせちゃってました？　超ウケるんですけど〜」

「10年頑張ってるのに全然成功しない。超ウケるんですけど〜」

といった感じ。正義がなくなると悪が消える。


ギャルの思考で問題が解決することが実はたくさんあります。ひとつは「深刻にならない」ということ。**深刻化すると問題はどんどん悲壮感を持って、迷宮入りします。**

本当はどんな問題でも〝笑い飛ばし〟ていいんです。笑えない問題ほどそうしてみるのです。それは、僕らは本来の問題のないところに、問題を勝手に作ってしまうから。

だからギャルの思考でふっ飛ばせば、あっさり解決することが実はいっぱいあります。

だから、ギャル最強なのです。

この派生系として**「いえ〜い」**もあります。

「財布落としたー。いえ〜い」

「スマホ割れた。いえ〜い」

「株価が落ちた？　いえ〜い」

のように使います。

こういうのって、**辛い感じで言うから悲壮になっちゃう**んですよね。

でも、もう割れちゃったスマホはしゃあないもん。もう「割れた」という「結果」が出たのです。出た結果は変わりません。

「いえ〜い」って声に出したら、かなり心がラクになります。泣き笑いですね。

コツは、「いえいっ！」と力強く言うのではなくて「いえ〜い」と、**だるい感じで言うこと**です。これ、意味もなく楽しいんですよね。

うちにきてくれるクライアントさんも、これでだいぶ元気になります。

もちろん「笑っている場合じゃない！」って怒る人もいるけど、ほとぼりが冷めたらぜひ笑ってみてね。

あと、イラつきを溜めないために、

「む~んってなった」と言う

を使ってみてください。

これは、「ガマンできるほどの不満」も、ちゃんと認めてやろう、ということ。小さすぎて、騒ぎ立てるほどではない、ちょっとしたイラつき。ガマンすればすむこと。これは溜まると最後に大爆発します。

それはポイントカードのようなものです。イラッとしたら「1む

〜ん」。もう一回イラッとしたら「2む〜ん」と溜まっていく。100む〜んで爆発する。

これをそのつど**口に出して言うと、なぜかイライラが少しおさまるんです。**それは〝ガマンしない〟から。小さなうちにちょいちょいと空気抜きをするのです。小さな不満を言うって、小さい人間みたいでイヤですよね。でも、小さいもんね（笑）。僕たちの講座でも、何かイラッとしたことがあったら
「今ちょっと、む〜んってなりました」

と宣言するようにしています。ちょっとだけ勇気を出して。そうすると、

「なんで?」「どうしたの?」

と聞きやすくて一石二鳥。


「いや。僕のお茶だけちょっと少なかったから」

とか。本人もギャグっぽく言いやすい。

僕もイヤなことをされた（気がした）とき、ほっとくとその人のことを嫌いになっちゃうので、「今のはイヤだった」と、その人が好きで、嫌いになりたくないからこそ「イヤなこともちゃんと言う」ようにいつも心がけています。

どれもこれも、実際に声に出すことが大事です。声に出すって、本当に大事なんです。
きっと言葉は見えない粒でできているんだと思う。

心屋より

声に出すと軽くなる

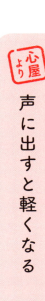

Ⅱ 無責任とは、抱え込まないこと

前項で、ギャル＝無責任みたいに書いてしまいましたが、それは悪い意味ではありません。たとえば、何か問題が起きたときに「なんとかしなきゃ！」「解決しなきゃ！」とやっきになればなるほど、問題はそこに存在し続け、時に大きくなります。大切なのは「なんとかなる」と信じるかどうかなのです。

大変なことになりそうだから！　と、怖がって動いたとしても、たいていその怖さが戻ってくる。そうではなくて、「なんとかなる」と。自分のことも他人のことも、目の前のことも「大丈夫だ」「これでいいのだ」。

なんなら、

「私がやらねば誰がやる！」

ではなく、

「私がやらねば誰かがやる！」

ぐらいに全部信頼してしまう。ずるいでしょ？（笑）

「問題はダミー」だから、実はなんとかしようとしなくても「なんとかなる」し、「なるようになる」し、「なるようにしかならない」のです。ギャル風の解決方法は、そんな彼女たちの「明るさ」を使うわけです。

「笑う」って最強です。「面白がる」って最高です。

深刻になるのは「未来」、つまりまだ起きていないことを、「きっとひどいことになる」と、勝手に想像しているのです。笑えないことほど笑ってしまおう。

今、笑ったら、笑える未来がやってくるのです。

心屋より

大丈夫だ

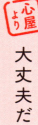

ずるい生き方⑩

他人に忠告する

僕も
うん うん
なんだか気持ちも少し軽くなってきました！
ここでひとつテストしてみようか
テスト？
2人がお互いに対して、何かひとつアドバイスをするとしたら何がありますか？
エイッ
アドバイス…
決まりました？じゃあそのアドバイス忘れずにいてくださいね
おーっ
もしあなたにも
一言言ってやりたい相手がいるならその言葉を持ちながらページをめくってみてくださいね
ニャんだ ニャんだ？

Ⅰ ブーメランの法則

以前はよくグループカウンセリングをやっていました。今は、心屋のスクールの卒業生が、全国で無料の「心屋オープンカウンセリング」として展開してくれています。

複数の人が集まった中で僕が目の前の手を挙げた人に、一対一でカウンセリングをします。周りの人たちは、それを黙って見ているんです。そして見ている人たちの前には1枚の白紙が置いてあります。


カウンセリングが終了したら、見学していた人たちに、

「じゃあ、今の相談者さんに、**ちょっと上から目線でアドバイスをしてあげてください。**

それを、目の前の紙に書いてくださいね」

と言います。横で見ている人というのは、他人事なので冷静にいろんなことを感じるんですね。だから、いろんな感想を持ちます。

たとえば、

「もっと自信を持てばいいのに」

とか、

「そんなにイヤなら、すっぱりやめてしまえばいいんじゃないですか」

とかね。

そんなふうに感想やアドバイスを書いた紙が、

実は自分へのアドバイスになるんです。

あなたが、目の前の人の話を聞いて

「もっと自信を持てばいいのに」

とか

「そんなにイヤなら、すっぱりやめてしまえばいいんじゃないですか」

と思ったとしたら、それは、**不思議なことに自分自身に言いたい言葉なんですよね。**

このグループカウンセリングをやると、みんな

「えーやめてー!!」

というくらい、深層心理があぶり出されます。見学している人のほうが〝流れ弾〟に当たるんですね。

ぶわっと泣き出す人もいるし、口がきけないくらい驚いてしまう人もいる。発狂しそうになる人も（笑）。

つまり、

他人へのアドバイスや忠告は、自分へのアドバイス。

だから、**あなたが誰かに何かを言いたい気持ちになったり、ネットのコメントで悪口を書きたくなったりしたらちょっと立ち止まってください。**


「そろそろ親のことを許してあげれば」

「なんでそんなにこだわるの？」

「人の目なんて気にしなければいいのに」

「あなたは十分魅力的なのに」

「どうして自分を押し殺すの？」


それは自分自身へのアドバイス。気になる人へ投げたブーメランが、後ろから自分の頭に飛んできて刺さる！　みたいな。

その言葉は自分にかけてあげてくださいね。

心屋より

気になるアイツはあなたなのだ

Ⅱ 反面教師は教師

前項で、〝他人に言いたいことは自分に言いたいこと〟ということを書きましたが、だからと言って「もうやめよう」「言わないようにしよう」とも思わなくていいのです。なんでもやっていいし、なんでも言っていい。そしてブーメランが返ってきたら笑っていればいいのです。

「ああ、私もあんな人みたいなんだ」「ああ、私もあんなこと思ってるわ」

と笑いましょう。

「反面教師」という言葉があります。「あんな人みたいにならないようにしよう」というヤツです。僕はこの言葉を逆の意味で考えています。

あの「反面教師」みたいなことをやっていこう! ということです。

あれを「見ている」「見せられている」ということは、自分の鏡なのです。それを「あんなふうにならない」としてしまうと、結果としてまた自己否定になってしまうのです。

「あの人」を否定することは「自分」を否定すること。そう「あの人」や「アイツ」みたいなことをやってみて「それでも大丈夫」を増やしていくのです。


嫌いな人を好きになりましょう、とは言いません。

嫌いなものは嫌いでいいと思うのです。 でも、それに対して「排除したり」「戦おうとする」のは、また自分と戦うことになってしまう。

ここは思い切って「反面教師」も含めた「全肯定」にチャレンジしてみませんか。僕もまだまだできていません。どうかご一緒に!

心屋より

全肯定ができない自分のことも笑おう

おわりに

結局、ここまで伝えてきたことを一言でまとめるならば、直接は書かなかったけど、

「うまくいきたければ、うまくいかせようとするのをやめたほうがいい」

ということです。「うまくいきたい」というのは「理想」「思い通りにしたい」ってことですよね。で、「思い通り」にならないときに人は悩んでしまいます。「何が悪かったんだろう…」と。

そもそもみなさん、なんのためにうまくいきたいのかをもう一度考えてみてください。

多分、うまくいって成功したら認められそう。愛されそう。お金もいっぱい入ってき

そう＝「幸せになれるはず《そしたら》」。

そう思うから、成功したいと思うんですよね。

僕もそう思っていました。でも、**成功したからといって、幸せになれるかといったら、そんなことはない。**

これは僕も間違っていましたね。たとえば、どんなに本が売れたといっても、幸せになれるとは限らない。有名な人でもお金持ちでも成功していても自殺する人はいるし、芸能人でも不倫されることもある。僕もいっぱい売れたけど、その現状に満足できず「もっともっと」という気持ちに苦しむこともあります。

人はとかく隣の芝生が青く見えます。でも、芝生が青くて、葡萄がいっぱいなっていて、それがおいしそうだなあと思っても、**意外と食べたら酸っぱい葡萄だったりする**んですよ。見た目がいいからといって、それは幸せとは直結していない。

むしろ、幸せばかりいっぱい集めようとすると、いつかそれが失われるんじゃないかという不安でいっぱいになってしまう。

じゃあ、どんな人が幸せかというと、

成功してもしていなくても自分は認められていて、愛されていると感じている人なんですね。

もう一歩踏み込んでみましょう。

自分は愛されているし、自分は認められているし、自分にはもうちゃんと必要なものがあったんだということに気づくためにはどうすればいいのか。

それは、遠慮せずに自分の好きなことをやることだと思います。そして、そうやって遠慮せずに好きなことをやっている人が、結果として成功するのだと思うのです、僕は。

禅問答のようだけれど、結果的に、**成功しようとしていない人に、成功がついてくるんです。**僕も本を売ろうとしたり、集客しようとしたり、有名になろうとするのをやめたら、「そう」なった。これは言いかえると「問題を問題視しない」「問題をなんとかしようとしない」そして「理想を追いかけない」という、「ずるい」「ダメ」な生き方が生むことなのです。

好きなことをやろうとしている人には、

「行動のあとに全部『大丈夫だから』という言葉をつけるといいよ」

とアドバイスします。

イヤなことは断ろう。大丈夫だから。
嫌われちゃいました？　でも大丈夫だから。
そうか、怒られたか。うん、大丈夫だから。
大失敗した？　まあ大丈夫だから。

何があっても、大丈夫だから。
捨てられても、仕事がなくなっても、嫌われても、病気になっても、ひどい目に遭っ

ても、浮気されても、大丈夫だから。それがあると、心が揺れなくなる。悲しいのも理不尽なのも、大丈夫。怖くて動けなくても大丈夫。

「勇気を出した人を神さまは困らせない」

といつも思っています。

悲しい時は〝なんとかしよう〟ではなくちゃんと悲しもう、腹が立ったらちゃんと怒ろう、なんとかしようとしない。怒りや悲しみやみじめさや後悔や病みや苦しさもイヤーな感じも不安も、そのまんまでいい。ケチらず感じきろう。

幸せというのは、イヤなものが一切ないことではないんですよね。幸せでもイヤなことは起きるし、タンスの角で小指を打つこともある。

イヤなことがいっぱいあっても、それでも大丈夫と思って生きていけること。これが幸せじゃないかな。

今あるもので大丈夫。実は既に幸せ。そこに気づく旅が人生だと思います。

さあ、好きなことだけをする、必死に頑張らない、怖がらない、今まで必死に避けてきた、そんなずるいと言われる人生をスタートしてみませんか？

この本に出会えたからもう大丈夫ですよ（多分）。

２０２０年10月吉日　著者

【著者紹介】

心屋　仁之助（こころや・じんのすけ）

◉——心理カウンセラー。兵庫県生まれ。「自分の性格を変えることで問題を解決する」という「性格リフォーム心理カウンセラー」として活動。19年間大手企業で働き管理職まで務めたが、自分や家族の問題がきっかけとなり、心理療法を学び始め2007年にカウンセラーとして起業。

◉——現在は京都を拠点として、全国各地での講演活動やカウンセリングスクールを運営。2012年から約3年間、テレビのお悩み解決番組で多くの芸能人をカウンセリングし、一躍話題になった。その独自の「魔法の言葉」カウンセリングスタイルは、たったの数分で心が楽になり、現実まで変わると好評を得ている。

◉——また、2014年より音楽活動を本格的に開始し、2017年2月には初の日本武道館ライブを行い、5,500名以上の観客を動員。現在も音楽活動を積極的に行っている。

◉——著書に『いい人をやめればうまくいく』『神様をめぐる旅』（以上、セブン＆アイ出版）、『心屋仁之助 最初で最後の講演録～人生を大逆転させるには～』（かんき出版）などベストセラー多数、累計で600万部を超える。

公式ホームページ「心屋」で検索
https://www.kokoro-ya.jp
ブログ「心が風に、なる」
https://ameblo.jp/kokoro-ya/

心屋《こころや》仁《じん》之《の》助《すけ》のずるい生《い》き方《かた》

2020年10月20日　第1刷発行
2020年11月13日　第3刷発行

著　者——心屋　仁之助
発行者——齊藤　龍男
発行所——株式会社かんき出版
東京都千代田区麴町4-1-4 西脇ビル　〒102-0083
電話　営業部：03(3262)8011㈹　編集部：03(3262)8012㈹
FAX　03(3234)4421　振替　00100-2-62304
https://www.kanki-pub.co.jp/

印刷所——大日本印刷株式会社